imaginist

U0896901

想象另一种可能

理
想
国

imaginist

你好啊，智人

[日] Infovisual 研究所 / 著

周芷羽 / 译

书海出版社

· 太原 ·

智人的秘密

目录

前言 让生命的演化发生剧变的智人，这二十万年一路走来，等在前方的，会是幸福吗？

1 我们来自何方

2 尼安德特人 vs 智人

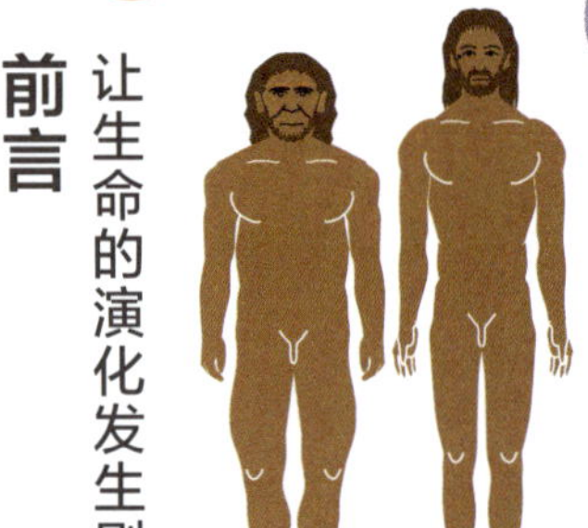

3 获得思考的能力

4 丰衣足食的狩猎采集生活

5 农业革命的利与弊

6 名为“宗教”的想象世界的开端

7 想象世界的秩序“等级制度”

8 想象世界的秩序“货币”

前言

让生命的演化发生剧变的智人，这二十万年一路走来，等在前方的，会是幸福吗？

时间轴的每个刻度，表示 1 亿年

140 亿年前 130 120 110 100 90

从宇宙的诞生到地球的诞生

BIG BANG

宇宙曾是 10^{-34} 厘米大小

138 亿年前，宇宙诞生

据说宇宙诞生约 10^{-44} 秒后，膨胀至原体积的 10100 倍

据说诞生了 200 亿个银河系

约 130 亿年前，银河系诞生

宇宙以光速膨胀

约 133 亿年前，恒星诞生

不断经历冲击与合并的银河

发生 BIG BANG，经过 38 万年后，宇宙的温度降至 3000 开尔文（K），光开始能以直线前进，宇宙因而变得清晰

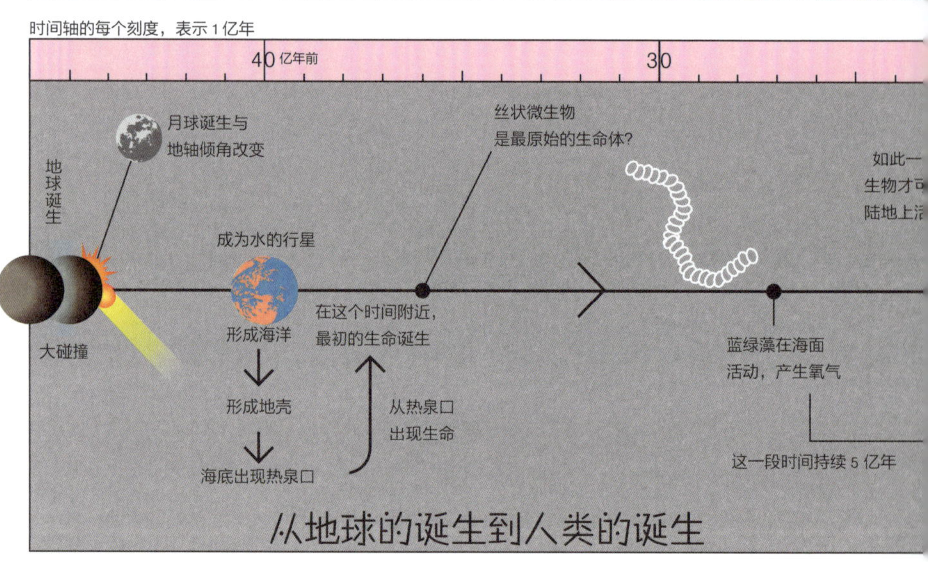

我们人类在生物学中的拉丁学名是 Homo sapiens，即“智人”，Homo 指“人”，sapiens 则是“智慧”的意思。

智人历经了前所未有的独特生物演化过程，如愿地实现了繁盛，从而主宰了这个地球。但现在，我们能说已获得幸福或和平，抑或是真正意义上的富足吗？

智人最初的祖先出现在地球上，至今已有约 20 万年。虽然是一段漫长得难以估量的岁月，但我们须谨记在心的是，若放眼宇宙的雄伟历史，相形之下，智人的历史仅在须臾之间。

随着“大爆炸”（Big Bang），宇宙在约 138 亿年前诞生，而我们所居住的地球，则是在 46 亿年前成形的。第一个出现在这地球上的生命体，

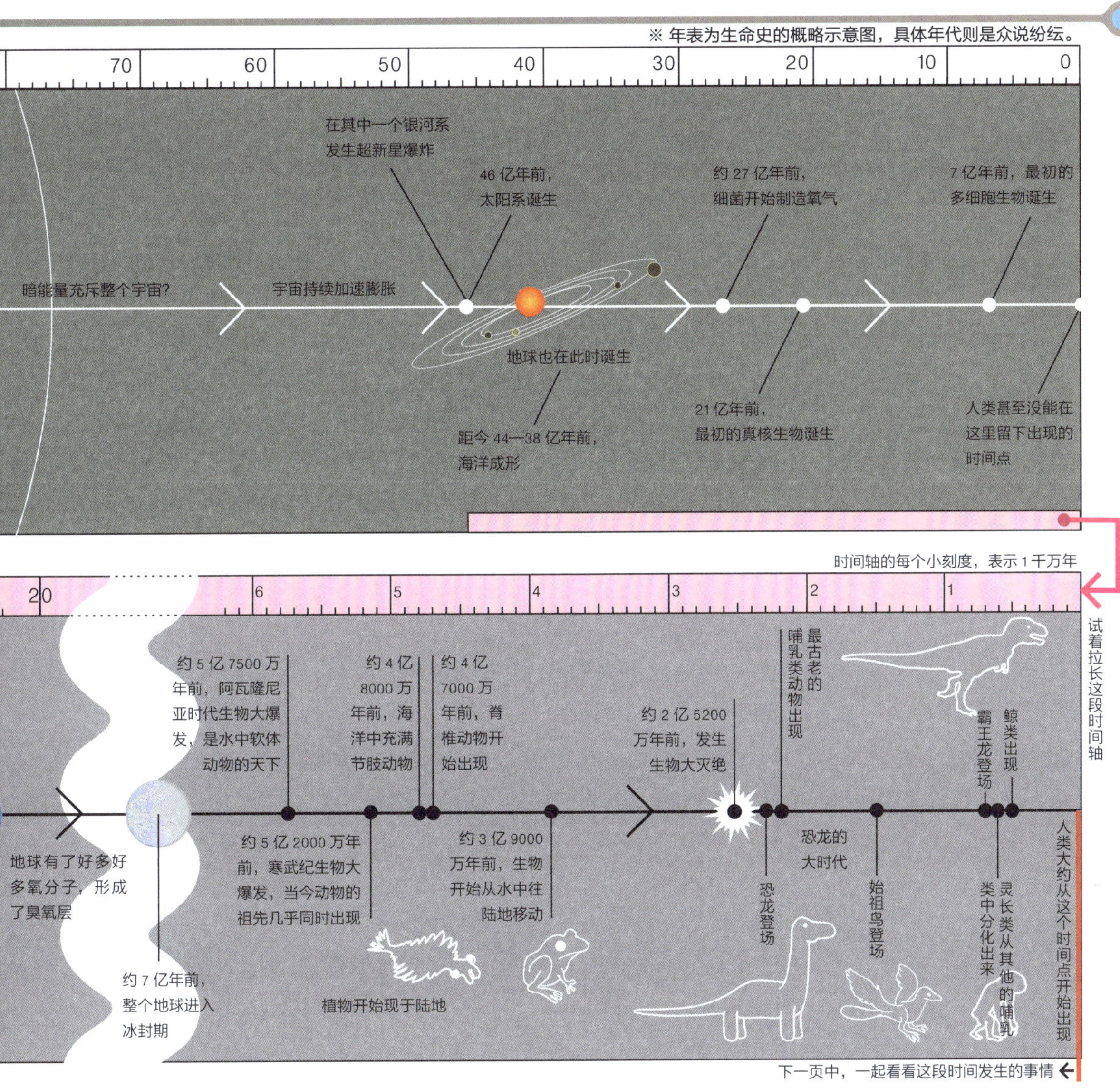

可往前推算至约 38 亿年前。

诞生于海中的单细胞生命体，不断演化至可登陆生活，事实上需要 30 亿年以上的时间。恐龙成为陆地霸主主宰地球的时代，可追溯至 1 亿 6000 万年前。相较之下，人类与猿分道扬镳、最初的人类出现在地球上，不过是区区六七百万年前的事情。这其中，我们智人的存在时间，“仅仅”20 万年。

但随着智人的出现，原本以几亿年、几千万年计的缓慢生物演化过程，一举加速了。或许正因为智人是短时间内自行演化而来，才让地球生态系产生了剧变。为何在万物之中，只有智人才能办到呢?

那是因为，智人有能力用言语描述只在脑袋里存在的想象世界，并将虚构的故事与群体共享。这就是所谓的“认知革命”，是只有智人的脑才能获得崭新思维的开端。

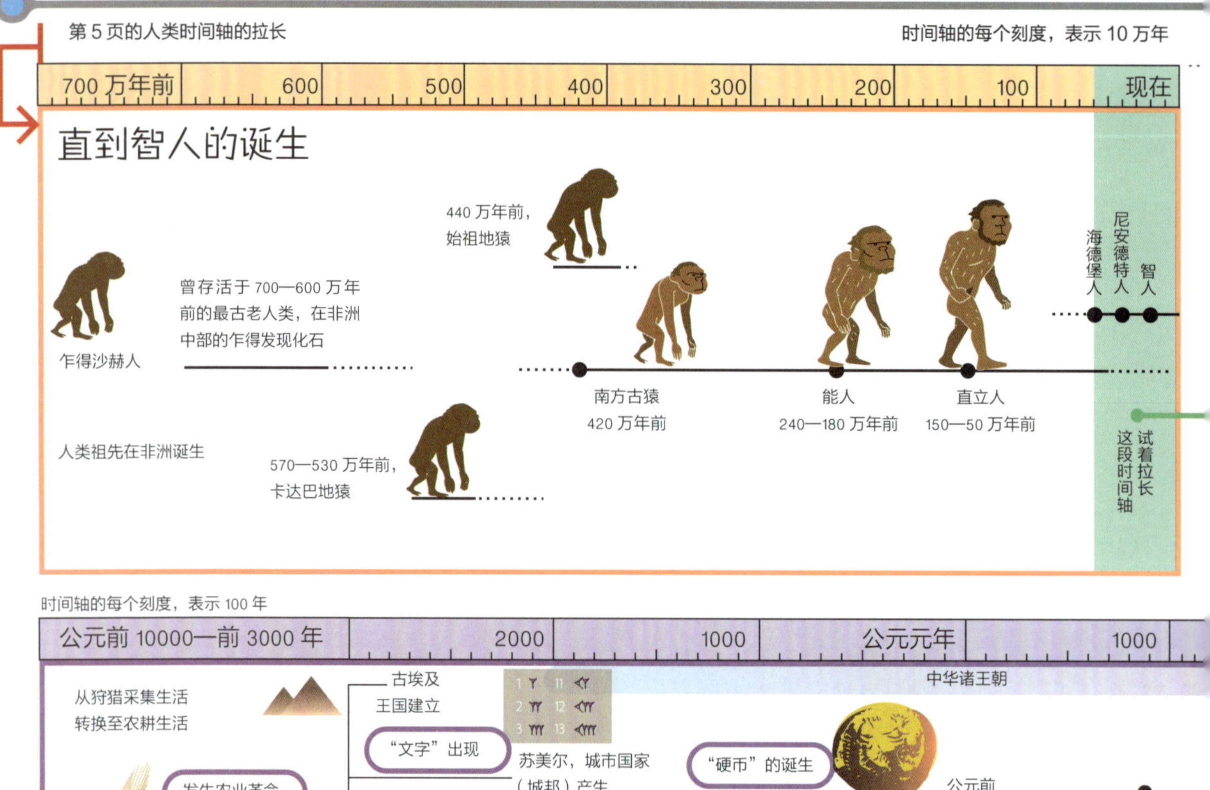

诞生于东非的智人，横渡全世界，利用这波“认知革命”让自己的文明遍地开花。

其中最显著的转机，是距今约 1 万年前开始的农耕生活，也就是“农业革命”。在农业革命发生之前的几万年里，过着狩猎采集生活的智人，想办法创造食物来源，形成定居村落。为了强化团结，他们让宗教、国家、法律、军队、货币等各式各样想象的产物在现实世界形成并发展。

成为这段文明成形的舞台，并以维持几千年繁华而自傲的，是位于现今中东地区的古老东方文明，以及中国。但随着时代变迁，进入近代之后，此前只是世界边陲、未受注目的欧洲，却发生了剧变。

近代科学、资本主义、股份公司、货币的信用创造与金融系统……欧洲的智人不断创出新颖的想象产物，并以这些为原动力征服世界。17—18 世纪建构起来的欧洲型社会系统，从此以“世界体系”之姿，迎接了人类 21 世纪的到来。

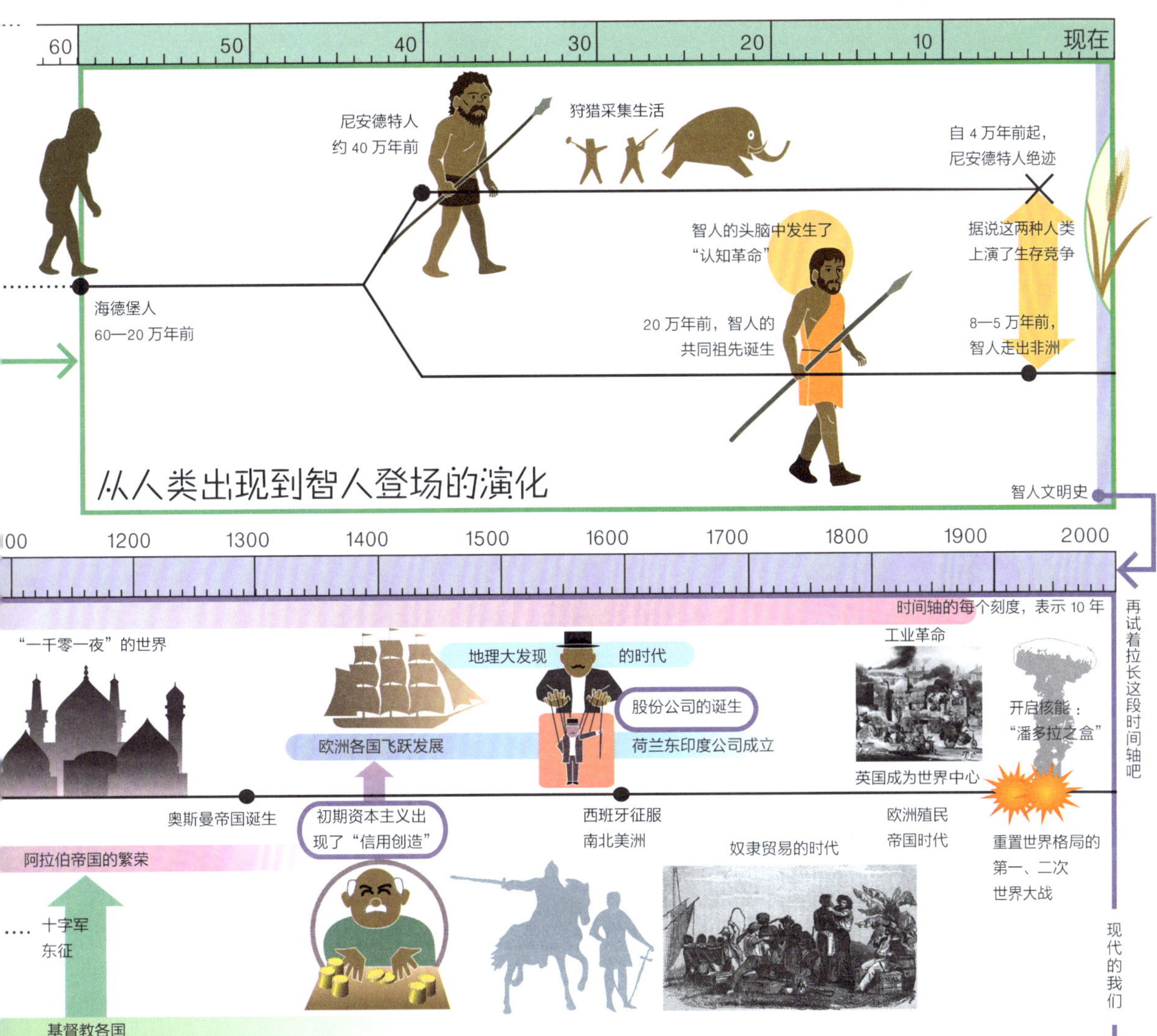

不论在哪个时代，人类为追求富裕的生活，为了幸福地生活下去，都应该是在不懈地努力，创造各式各样的发明。但是现在，各种调查结果显示，感到“自己现在是幸福的”的人，占比绝对不是多数。

这难道不是因为，急于想要颠覆这个世界的欧洲型社会系统撞到南墙了吗？

重新俯瞰地球的演化时间表吧。将地球 46 亿年的历史换算成 1 年来看，则智人诞生至今的时间长度不过 3 分钟。东方文明崛起的历史仅 1 分钟，而世界中心转移至欧洲的时间，只是过了两三秒而已。

现在应该是人类修正急速全球化带来的扭曲，追求能孕育幸福的全新社会系统，迈向下一个阶段的时候了。今后人类究竟该如何生存？为探索答案，让我们一起回首智人发展的来时路，揭开这稀有的演化秘密吧。

南方古猿 400 万年前 300 万年前 能人 240 万年前 200 万年

1

我们来自何方①

消失的人类伙伴与幸存智人的大迁徙

人类的大规模迁徙

人类最初诞生于地球上的时间点，是距今 700 万—600 万年前。诞生于东非的人类，双足立地，手持工具，从森林到草原，进而在距今 180 万年前起，走出非洲，前往欧洲、亚洲，但很多人类并未走得更远。只有一种人类，遍布世界各个角落，甚至还存活至今。那就是我们智人。

智人以新人类之姿诞生于大约 20 万年前，最晚约 6 万年前离开故乡非洲，开始了恢弘的旅程。当时的地球正值严寒的大冰期，地表覆盖着大规模的冰川，大陆的位置与地形也与现在完全不同。智人沿着冰冻的大地北上，抵达西伯利亚后，再进一步挺进阿拉斯加，首度踏上美洲大陆。由于整片大陆相连，只要是能落脚的地方，不论哪里，智人都一步步前进，即使太平洋诸岛，智人也通过乘竹筏、小船征服了。就这样，他们拓展了地球上的居住地，成为现在全球 73 亿人口的起源。

促成智人大迁徙的理由众说纷纭。其中一说是，智人是希望寻求更充裕的食物与更宜居的环境，才积极地投身新天地。也有完全相反的说法：智人是被逼到绝境才选择了迁徙。原本人类这样的生物，在弱肉强食的动物界属于弱者，学会使用工具和火，也是为了弥补自身的弱点。一旦居所遭遇外敌、天灾或是更强人类的威胁，遭到驱逐的弱小团体因情势所逼而选择外迁，都是有可能的。

但是，同样是离开非洲，其他人类却在不知不觉间从地球上消失无踪。为何只有智人得以幸存？为解开这一谜题，接下来，让我们了解一下那些没能存活下来的人类的故事。

约 45000 年前

尼安德特人 vs 智人

在欧洲这个舞台上，尼安德特人与智
相混居，据说智人在狩猎场将尼安德
逼上了灭亡之路

线粒体夏娃

生存于 16 万 ±4 万年前

追溯人类的母系 DNA，可溯及东非的一名女性，她被称为“线粒体夏娃”，她的登场，使人类非洲起源说成为公论

700
人类
年前
一支

人类

700 万年前

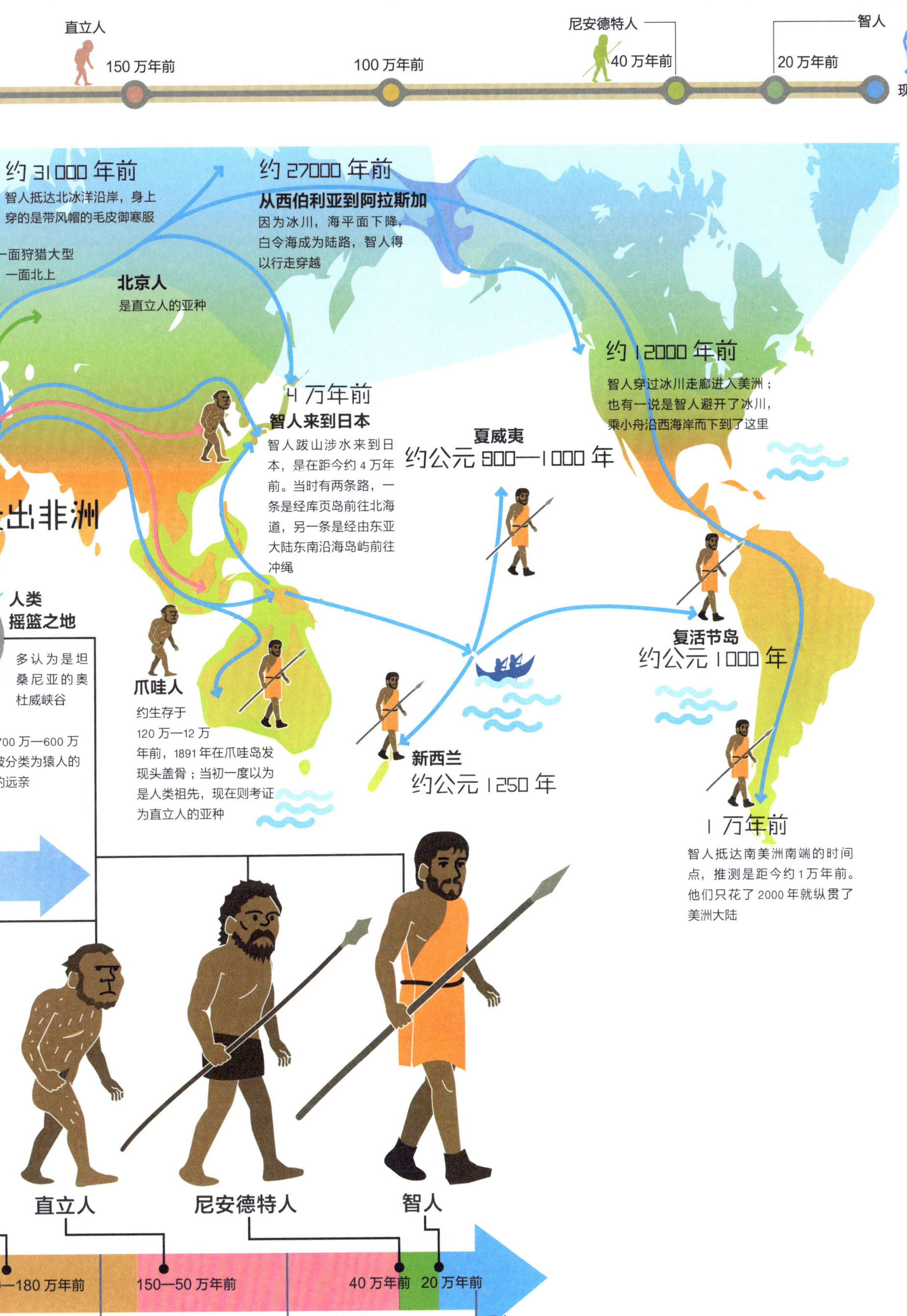

直立人
150 万年前
100 万年前
尼安德特人
40 万年前
智人
20 万年前
现在
约 31000 年前
智人抵达北冰洋沿岸，身上穿的是带风帽的毛皮御寒服
约 27000 年前
从西伯利亚到阿拉斯加
因为冰川，海平面下降，白令海成为陆路，智人得以行走穿越
人一面狩猎大型
物，一面北上
北京人
是直立人的亚种
约 12000 年前
智人穿过冰川走廊进入美洲；也有一说是智人避开了冰川，乘小舟沿西海岸而下到了这里
4 万年前
智人来到日本
智人跋山涉水来到日本，是在距今约 4 万年前。当时有两条路，一条是经库页岛前往北海道，另一条是经由东亚大陆东南沿海岛屿前往冲绳
夏威夷
约公元 800—1000 年
走出非洲
人类
摇篮之地
多认为是坦桑尼亚的奥杜威峡谷
前
今 700 万—600 万
，被分类为猿人的
远的远亲
爪哇人
约生存于 120 万—12 万年前，1891 年在爪哇岛发现头盖骨；当初一度以为是人类祖先，现在则考证为直立人的亚种
复活节岛
约公元 1000 年
新西兰
约公元 1250 年
1 万年前
智人抵达南美洲南端的时间点，推测是距今约 1 万年前。他们只花了 2000 年就纵贯了美洲大陆
徙
直立人
尼安德特人
智人
240—180 万年前
150—50 万年前
40 万年前
20 万年前
年前
200 万年前
100 万年前
现在

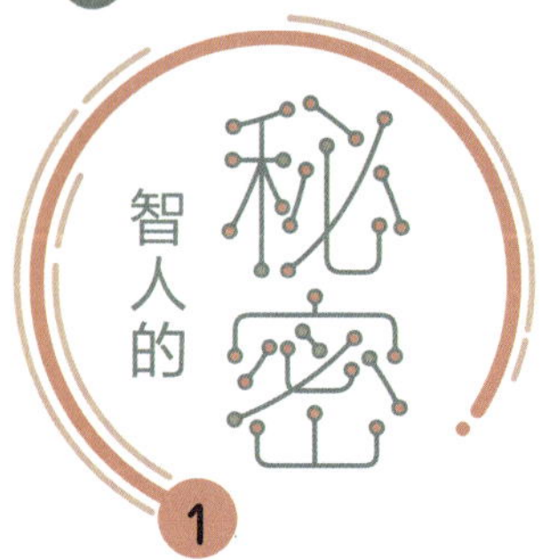

我们来自何方②

介于类人猿与智人之间的人类伙伴的兴亡

人类七百万年的演化

若问起“最古老的人类是……”，恐怕答案会因时代差异而有所不同吧。近些年来，考古学界陆续有新发现，历史教科书也数度改写。从目前来看，最古老的人类有在非洲中部的乍得出土的化石为证，就是距今 700 万—600 万年前的“乍得沙赫人”。他们虽然能以双足步行，但仍过着半树栖的生活，所以还是猿人。

第一种从树上到地上生活的猿人，是距今约 420 万年前、出现于非洲的“南方古猿”。南方古猿仍有着近似于类人猿的容貌，但已经能使用石器。他们的时代延续了 200 万年以上。他们是人属的祖先。

由此继续演化，在距今约 240 万—180 万年前的东非，出现了“能人”，顾名思义就是“能用工具的人”。终于轮到人属登场啦！他们有比猿人更大的脑，容貌也更像人类，会敲碎石块制作石器。

接着是距今约 150 万年前，直立人登场。直立人有更大的脑，会使用精致的石器，开始进行集体的狩猎；也是直立人，首先离开了人类的故乡非洲，来到了欧亚大陆。在爪哇岛发现的爪哇人，以及在北京郊外发现的北京人，也都是以迁徙到温暖的亚洲为目的的直立人的同类。

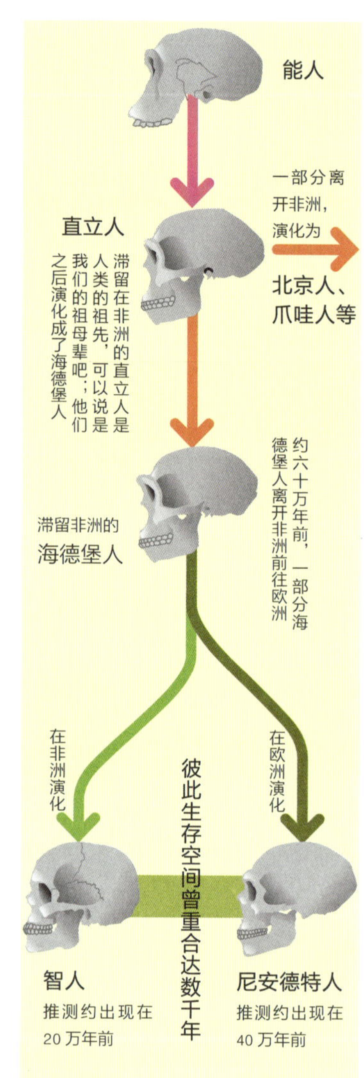

旧人与新人的命运分歧点

若追溯人类历史的发展主轴，在直立人之后，尼安德特人和智人分别在距今约 40 万年前、约 20 万年前出现。尼安德特人在分类上是“旧人”，而“智人”

直立人 150 万年前 100 万年前 尼安德特人 40 万年前 20 万年前 智人 现在

参考《人类大移动》（朝日新闻出版）、《图解版人类演化大全》（ビジュアル版人类进化大全，悠书馆出版）制成

则被归为“新人”。是不是尼安德特人演化成了智人？答案并非如此。不过两者确实拥有共同的祖先，就是从直立人演化而来、距今约 60 万年前出现的“海德堡人”。

尼安德特人的化石主要是在欧洲、中亚地区发现，并未在非洲找到。由此可以推论出，海德堡人之中，前进至欧洲大陆的群体演化成了尼安德特人，而另一批滞留在非洲的群体则演化成了智人。

智人约在 4 万 5 千年前到达欧亚大陆，当时尼安德特人已在欧亚大陆活动，双方有一段时间是共存的，但尼安德特人不知何时便消失了。关于尼安德特人灭绝的原因，有相当多的说法，有一说指出，当时正值地球的最后一次大冰期，尼安德特人可能是因为无法适应极端的气候变化才走上灭绝之路。但事实上，是智人进入欧亚大陆，才导致尼安德特人的灭亡。

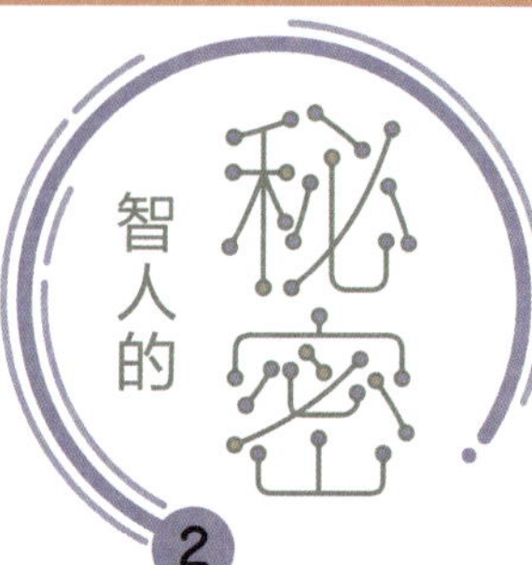

尼安德特人 VS 智人①

狩猎场上居于劣势的尼安德特人逐渐灭绝

两种人类共存于四万五千年前的欧亚大陆

在迄今为止的定论中，尼安德特人灭绝的时间是距今两万几千年前，但根据近几年的年代测定结果，另一个说法浮出水面：原本被认为是欧洲最后一个尼安德特人的化石，它的年代其实是在距今约 4 万年前。由此可知，尼安德特人是在智人进入欧亚大陆之后的“短短”数千年内灭绝的。在这段时间里，究竟发生了什么事呢？

全球规模的气候变化或许确实是加速尼安德特人灭亡的原因。果真如此，在同时期同样身处严峻环境之下的智人，照理来说应该也会遭受重大打击才对，但为什么只有智人得以存活呢？

两个种族共存一处的话，生活圈就太狭小了

最新研究显示，一名成年男性要获得必需的热量，需
3 平方公里的面积，若是 10 人团体，就需要 10 倍面积

智人数量越来越多，逼得尼安德特人走投无路，终至灭亡

会利用远射武器和犬类的谋略型猎人——智人

首先可以推断的是，智人与尼安德特人的狩猎方法大不相同。尼安德特人无法突破手拿石斧、躲在树林草丛中伏击猎物的传统方式。相对的，智人采用的战术则是先利用弓箭、投枪等工具从远处攻击，再以集体的力量将猎物逼至绝境。这样可减少猎捕大型动物的危险，也能捕获行动敏捷的小型动物，而且智人还饲养犬类当作狩猎帮手，让它们成为自己的“战略合作伙伴”。

其次，智人也非常积极有效地利用资源。相较于尼安德特人仰赖肉类为主食，智人则多方捕捞鱼类、采集植物作为

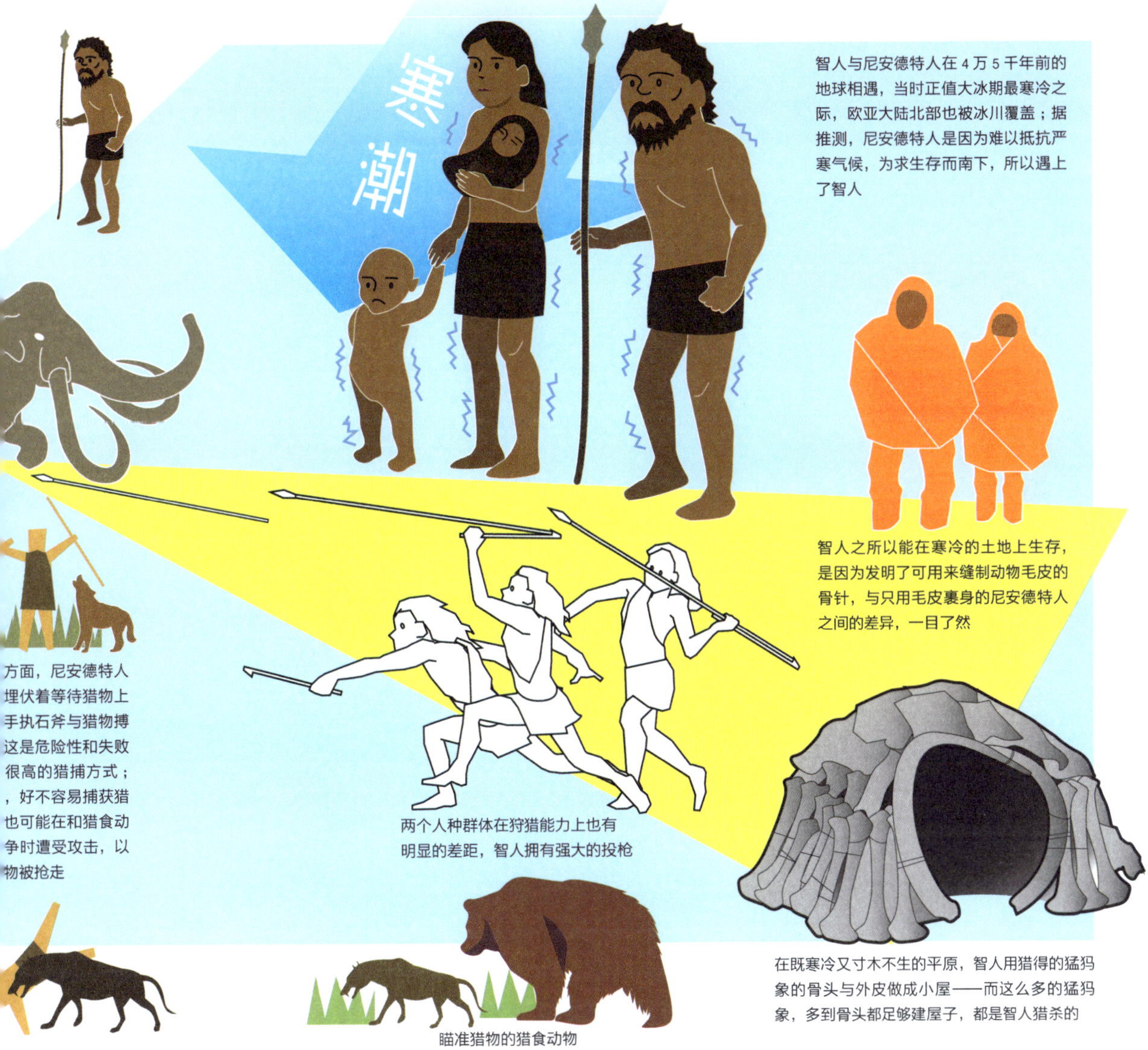

寒潮

智人与尼安德特人在 4 万 5 千年前的地球相遇，当时正值大冰期最寒冷之际，欧亚大陆北部也被冰川覆盖；据推测，尼安德特人是因为难以抵抗严寒气候，为求生存而南下，所以遇上了智人

智人之所以能在寒冷的土地上生存，是因为发明了可用来缝制动物毛皮的骨针，与只用毛皮裹身的尼安德特人之间的差异，一目了然

方面，尼安德特人埋伏着等待猎物上手执石斧与猎物搏这是危险性和失败很高的猎捕方式；，好不容易捕获猎也可能在和猎食动争时遭受攻击，以物被抢走

两个人种群体在狩猎能力上也有明显的差距，智人拥有强大的投枪

在既寒冷又寸木不生的平原，智人用猎得的猛犸象的骨头与外皮做成小屋——而这么多的猛犸象，多到骨头都足够建屋子，都是智人猎杀的

瞄准猎物的猎食动物

参考《人与狗让尼安德特人灭绝》（ヒトとイヌがネアンデルタール人を绝灭させた，原书房出版）

食物来源。即使狩猎毫无所获，只要能利用其他食材充饥，也能提高自身的生存率。男性狩猎、女性采集果实等的分工模式，可以认为就是在这样的环境中形成的。智人甚至懂得利用猛犸象的骨头建造居所，削骨为针，缝合毛皮，制衣穿着等等，充分利用资源抵御严寒。

第三点可推测出的不同，是两者的体格差异。尼安德特人肌肉发达，体格相当结实，在寒冷的环境中，为维持身体活动所需的基本能量估计为一天 5000 大卡。相较之下，个子较高、体格偏瘦的智人，则可以用相对较少的食物供养更多的家人。

在严峻的自然环境中，要与其他肉食动物争夺猎物，也要繁衍后代子孙，而赢得这场生存竞争的，正是拥有优异适应能力的智人。智人在逐渐扩大猎场，而另一方面，尼安德特人却在生存竞争中掉了队，最终从地球上消失。

尼安德特人　智人　5 万年前　4 万年前

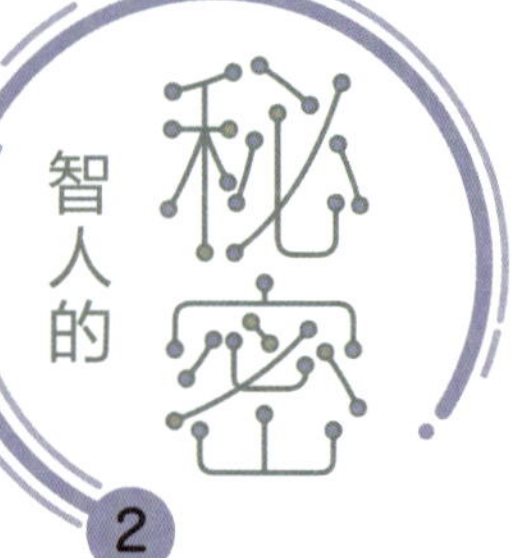

尼安德特人VS智人②

脑机能的不同，让智人得以幸存?!

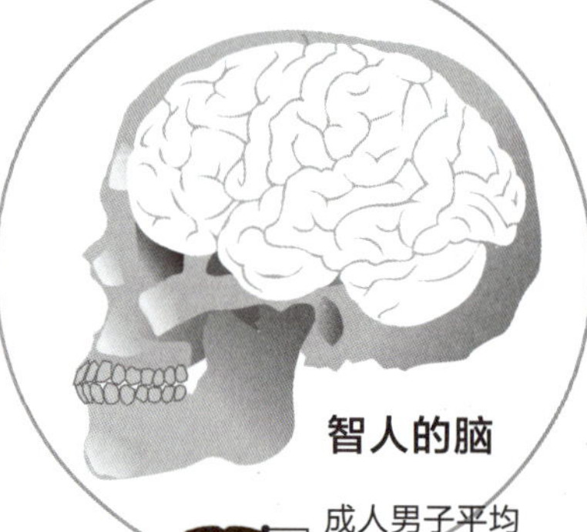

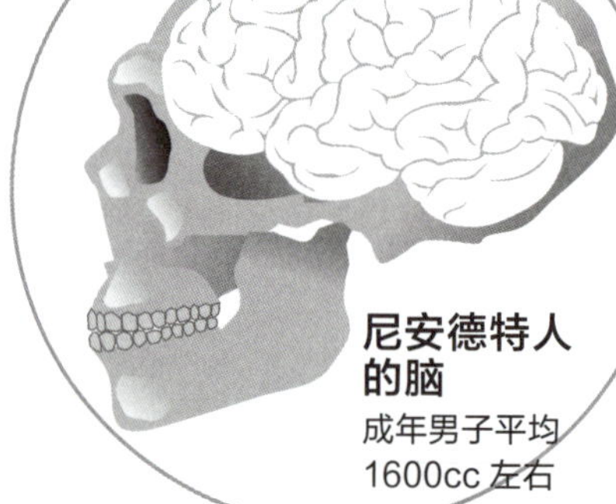

成人男子平均
1450cc 左右

因大脑发达，
头顶部面积大

声带发达，
拥有复杂的发声
与语言能力

身高160—180cm
体重 50—90kg

体毛薄

手指、手腕能做复杂
动作，拥有投掷能力

腿长，适合
长距离移动

成年男子平均
1600cc 左右

眉上方有大块
突起

宽而厚实的胸板

身高 165cm
体重 80kg

身形矮胖但四
肢肌肉皆发达

也有白色的
皮肤

腿部肌肉发
达，是优秀的
田径运动员

智人与尼安德特人的差异在哪儿?

两者之间的差异其实并没有想象中那么大，相较于被视为现代人的智人，尼安德特人一度被描绘为在演化方面处于劣等的原始人形象，但近年来人们越发了解到，智人与尼安德特人是历经相异的演化过程、拥有不同文化的人种，而两者最大的不同或许在于“脑”的机能。

智人随机应变的思考力

以距今约 4 万年前为分水岭，尼安德特人的踪迹消失在欧洲平原，智人成为人类的主角。智人在体格和脑容量方面皆不及尼安德特人，却为何会成为胜利者呢?

多数研究者认为，这是因为尼安德特人与智人的大脑及思维结构不同，所以获得的思考能力也截然不同。

宗教哲学家中泽新一以当今认知心理学家、考古学家的研究成果为基础，用电脑作比，来说明尼安德特人与智人的思考力，以及产生这种思考力的思维模式有何不同。

尼安德特人的脑，相当于一台内部串联着数个大型单一

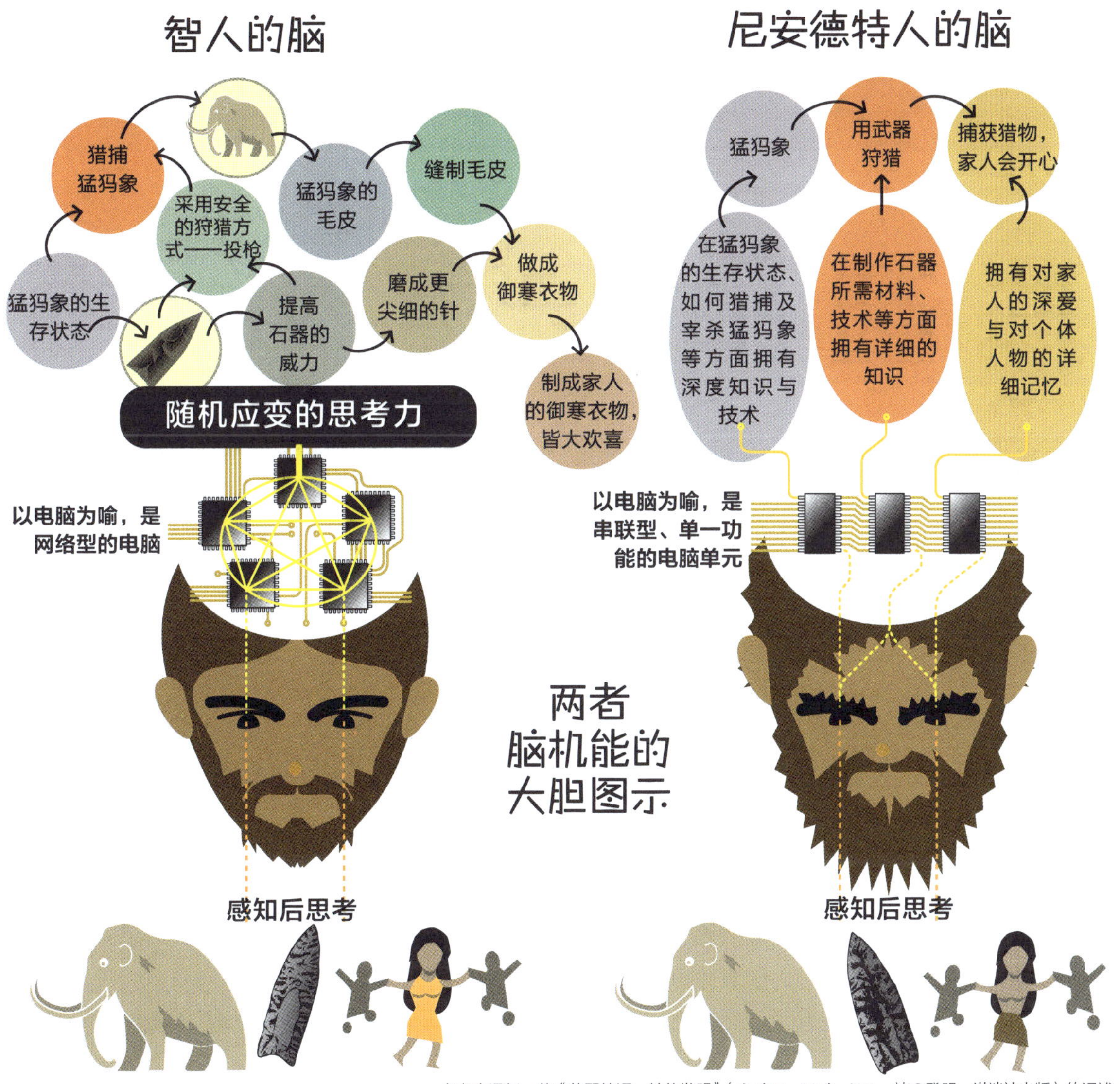

参考中泽新一著《荒野笔记：神的发明》(カイエ．ソバージュ　神の発明，讲谈社出版）的记述

功能模块的电脑；而智人的脑虽然小巧，却表现得如同拥有高度演算能力的网络型电脑。极度简化两种大脑的差异并将各自的结构视觉化后，结果如上图所示。

希望读者从上图中理解的是，尼安德特人的脑，会特别强化自身所擅长领域的机能，对于其负责的领域，拥有深入的知识与高度的技术能力。但问题就在于，每个领域之间的横向协调，不如智人来得密切。

而智人的脑特质在于不同领域的模块间拥有横向联系，可以自由发挥网络型能力。这让智人得以重叠来自不同领域的感知经验，并与在其他领域获得的记忆相比较，进而有可能获得新知。

中泽新一将智人借网络结构获得知识的能力称为“随机应变的思考力”。这一发生在智人脑中的划时代大事件，即“随机应变的思考力”的获得，有时也称为“认知革命”。

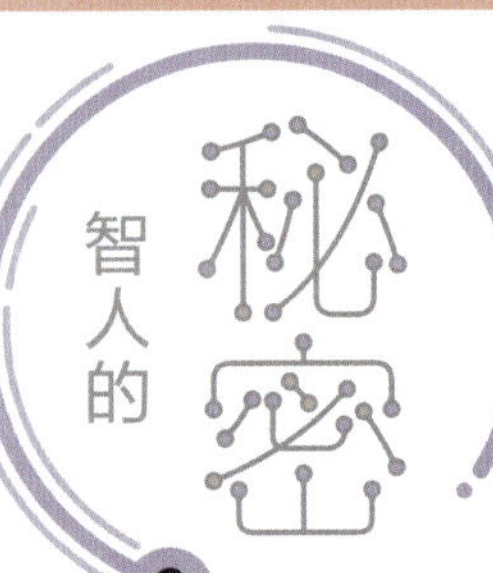

尼安德特人VS智人③

在智人的脑中产生的『认知革命』与复杂的思考能力

智人会说『就像……一样』

距今4万多年前的某一天，两名男性在原野上并肩散步。他们分别叫“尼安”和“阿智”。两人同时发现了一朵红色的花。

尼安回家后，以叙述事实的方式告诉家人“今天看到一朵花”，也很正确细致地讲述了花朵所在的地方、花朵形状是圆形的、花瓣总共几片，以及花瓣上的细微褶皱等。

另一边，阿智则告诉妻子：“今天看到一朵花，大小大概像这枚戒指，颜色就像天空中即将西沉的太阳一样哦。那朵花，跟我们家附近的那朵小花，就是和你的唇色相同的那朵，形状是一样的哦。那朵花，是在之前很热的时候开过的，现在又开了哦。”

这位阿智的话包含了好几个比喻。“A就像B一样”“A也可说是B”，诸如此类的表达可以替换使用。

阿智对花朵的描述，不仅针对花朵本身，还包括花朵与其他对象之间的相似、相异之处，他描述了花朵在时间流逝中的变化，把丰富的画面讲给家人。

也就是说，智人拥有运用丰富的言语进行沟通的能力。

阿智的遣词特色在于一连串的画面。这一连串画面会和对方既有的想象重合或背离，从而让对方认识到新旧信息之间的相异与共通点，经由相互理解的过程，形成共识。

此外，在思考过程中加入时间点也是相当重要的。若能对所发生事件的记忆加以排序，就能认识到事件的变化，进而去思考发生变化的理由。而且从一次次的时间流逝当中，人能感受到自然的循环与节奏，或通过回顾相应的时间点来思考事件变化的原点。

像这样，对于发生的事件，智人会借助时间点及各种属性加以分类，掌握思考相关性的能力。这样的思考称为“嵌套式思维”，直到今日都是我们智人逻辑思考的基础。

智人的思维与言语沟通能力，在经过这样的思考逻辑化后，变得更加复杂，也更加丰富了。借言语获得共识，这也在日后成了共同体内部形成秩序、道德及良善观念的基础。

就这样，智人获得了创造故事的能力。所谓创造故事的能力，是指对非现实事件进行假想体验的能力。从此，人类的思维也开出了花朵。

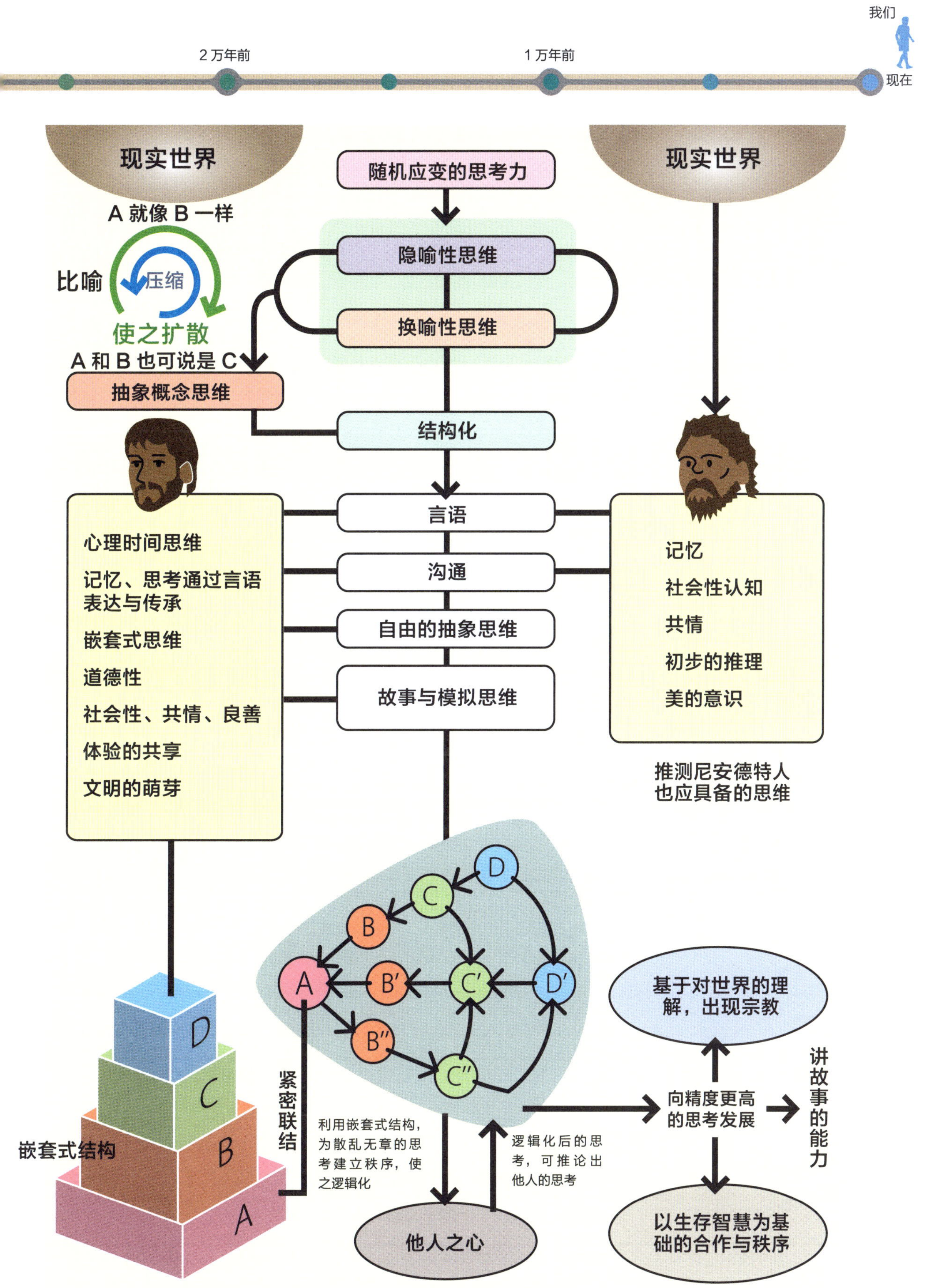

我们

现在

2 万年前

1 万年前

现实世界

随机应变的思考力

隐喻性思维

换喻性思维

现实世界

A 就像 B 一样

比喻

压缩

使之扩散

A 和 B 也可说是 C

抽象概念思维

结构化

言语

沟通

自由的抽象思维

故事与模拟思维

心理时间思维

记忆、思考通过言语表达与传承

嵌套式思维

道德性

社会性、共情、良善

体验的共享

文明的萌芽

记忆

社会性认知

共情

初步的推理

美的意识

推测尼安德特人也应具备的思维

D

C

B

A

B′

C′

D′

B″

C″

紧密联结

嵌套式结构

利用嵌套式结构，为散乱无章的思考建立秩序，使之逻辑化

他人之心

逻辑化后的思考，可推论出他人的思考

基于对世界的理解，出现宗教

向精度更高的思考发展

讲故事的能力

以生存智慧为基础的合作与秩序

上图参考托马斯·斯滕多夫著《活在现实的猿：诉说着空想的人》（現実を生きるサル　空想を語るヒト，白扬社出版）的记述

获得思考的能力

智人从『认知革命』开始，创造当今的一切文明

模拟世界的能力

发生在智人身上的“认知革命”，正是创造出我们现在所生存的世界的起点。

人类拥有丰富的语言表达能力，可将时间点与记忆通过嵌套式的思维进行整理，让事件的来龙去脉更具逻辑性结构。这样的结果就是，人类在共同体内部的体验有望共享、传承。

推测从这个阶段开始，智人的思考开始“脚本化”，并与模拟思维连动。

所谓脚本化，可以说是为将故事导向某个结局而生成所需的思考框架。在这个框架中，智人用思考来推动故事的发展，这就是“模拟”。若故事的发展与自己所希望的结局不同，就必须重新创作脚本。用言语表达这些思考的过程，成为和他人之间共同的经验，就会产生共同的故事。借由上述过程而形成的想象故事，可以说就成了我们现在所谓的“文明”。

例如，为了让共同体过上稳定的生活，人与人之间势必需要多种规范，但也势必有人不愿遵守规范，因此，必须制定强制执行规范的准则。在有的共同体中，是武力强的人来制定制裁违反者的准则；有的共同体则是塑造出超越人类存在的神一类的存在，并对神起誓，违反者将受到神的惩罚。

智人的思考相当灵活，会根据不同状况准备各种脚本，通过实践验证结果，再创作出更好的脚本。

在经历了这样的过程后，“国家”这个故事，就以人们愿意遵从共同秩序为基础而成形了。

现在存于地球上的巨大都市、产业设施，或有时发生的战乱、四射的弹药等，一切皆源于智人的脑。人类之所以能发展出与其他生物完全不同层次的历史，大概可以说完全要归功于人类的“思考能力”。

智人从自己的脑中，创造出自己生存的世界

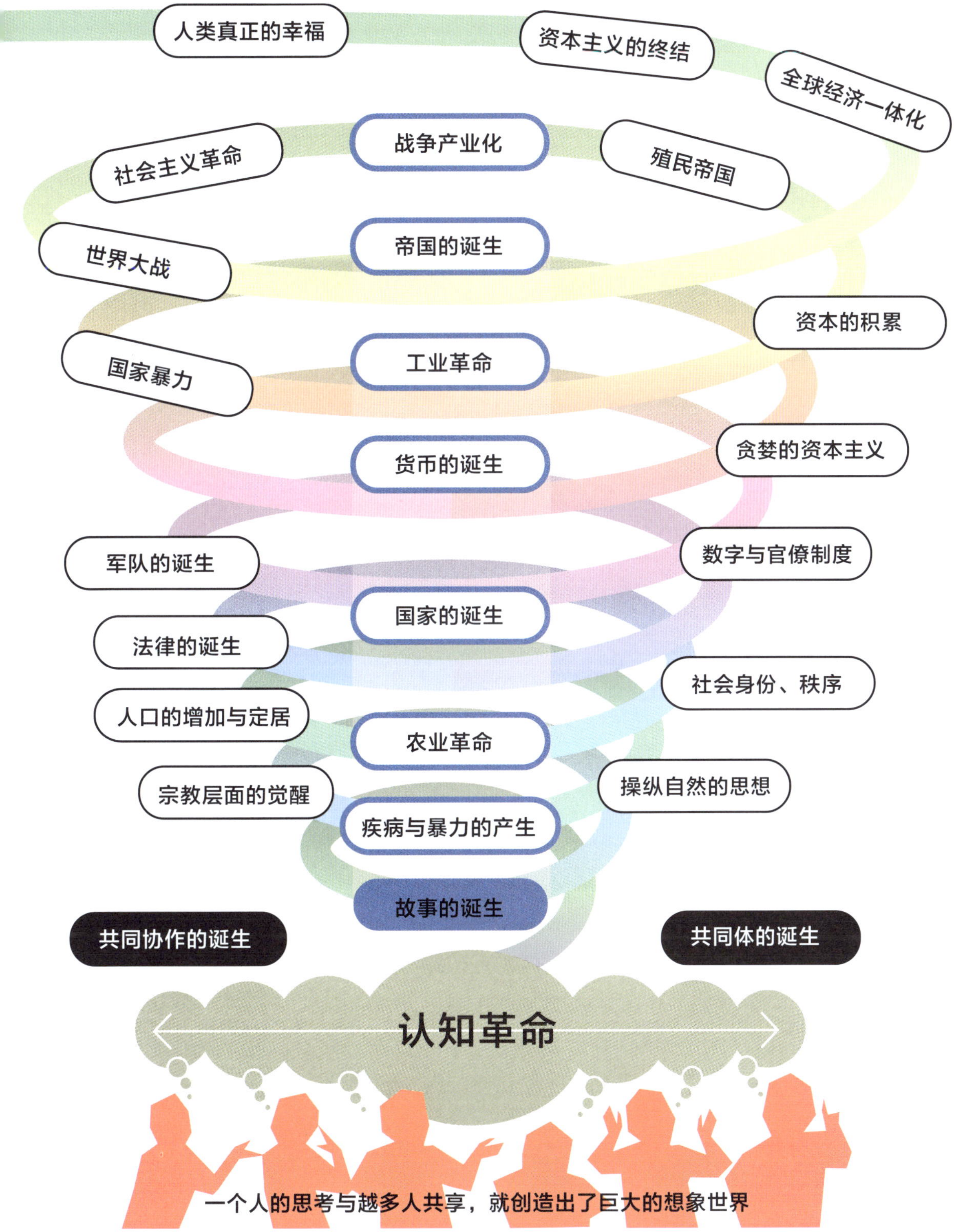

人类真正的幸福
资本主义的终结
全球经济一体化
社会主义革命
战争产业化
殖民帝国
世界大战
帝国的诞生
资本的积累
国家暴力
工业革命
贪婪的资本主义
货币的诞生
军队的诞生
数字与官僚制度
国家的诞生
法律的诞生
社会身份、秩序
人口的增加与定居
农业革命
宗教层面的觉醒
操纵自然的思想
疾病与暴力的产生
故事的诞生
共同协作的诞生
共同体的诞生

认知革命

一个人的思考与越多人共享，就创造出了巨大的想象世界

狩猎采集生活，其实富足且舒适?! 对大自然深入的认识，让这成为可能

丰衣足食的狩猎采集生活

参考《竟然理解到这种程度！绳文人的植物利用》（ここまでわかった！縄文人の植物利用，

绳文人理想的自给自足生活

人们可能很容易认为，狩猎采集时代的智人也和之前的人类一样，过着形态极为原始的生活。但其实在绳文时代，智人的生活可是惊人地富庶。

智人在经过几万年的狩猎采集生活后，从大自然学到了许多经验。何时前往何地能发现怎样的食材、怎样的动物拥有怎样的习性、哪种植物可以采集来吃，只要熟悉自然，就可以获得食材，度过严峻的大冰期。

约 1 万年前，漫长的末次冰期终于结束，地球开始变暖。气候暖化使森林成形，孕育出丰富多样的植物。此外，海平面上升，浅滩面积扩大，智人于是也开始捕捞海产。拜食物来源越发多元所赐，懂得充分利用自然资源的智人，开始进入第二阶段的狩猎采集形态，而约 1 万年前的日本绳文时代，其生活样貌可以说是这一形态的出色范例。

绳文人不仅能获得肉类、鱼贝，也能采集到野生植物、树木果实等，食材来源相当多元。绳文人也利用土器烹煮，能品尝到自然界四时应季的恩赐。甚至从绳文

扳）

时代的遗迹还可以发现，人类已过着集体定居生活，且不只一个集体，而是群居聚落，且拥有关乎自身起源、发展的故事。不过，人类并非一口气从“逐猎物而居”转换至农耕生活，有证据显示，在过渡期间，人类过的是定居型狩猎采集生活。这段时间又被誉为“人类史上最丰衣足食的时代”，也正是现代人所向往的自给自足的乡间生活的原点。

狩猎采集者的丰盛餐桌

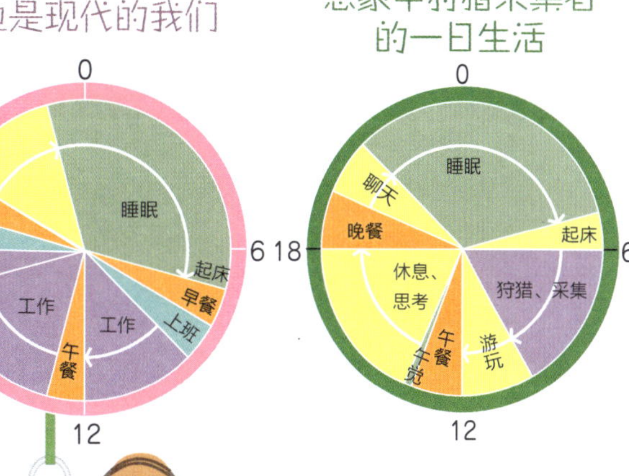

从狩猎采集者的生活样貌中，我们可以观察到，为何他们的食物来源多元丰富。他们的生活模式应该也相当悠闲自在，狩猎频率约是每周一次，其余时间则是采集附近的野生美味蔬果，一天的劳动时间推测为 3—4 小时

哪一方比较幸福？
这问题该问我吗？

5 农业革命的利与弊①

让智人的生活发生剧变的『农业革命』拉开序幕

谷物的原产地成为农耕文化的发祥地

距今约1万年前，人类迎来了剧烈的转变期。这是因为人类开始了全新的生活形态，也就是农耕生活。

随着全球不断变暖，植被种类越发丰富，于是各地随之出现了半定居型的群体。这样的开端应该说是纯属偶然的。人类学会了从居住地附近的野生植物那里获得种子，再施以人工栽培。其中尤其适合集中在特定区域种植且栽培效率不错的，就是谷物。

公元前7000年，人类真正开始在底格里斯河与幼发拉底河流域的美索不达米亚平原种植小麦、大麦等作物。中国则是在公元前5000年左右，于黄河、长江流域开始栽种粟和稻米，美洲大陆也差不多是在同一时期大规模栽种玉米。就这样，农耕文化就从这些谷物的原产地自发地诞生了，最终扩散至世界各地。同时畜牧业也发端起来，人类也开始驯养山羊、绵羊、牛、马、大羊驼等，用作食物或驮畜。就连人类持有的工具，也从狩猎工具转变成农具。

农耕生活带来了人口增长及古代文明

从狩猎采集生活转向农耕生活，这可不仅是食物来源改变而已。懂得驯化动植物，从而确保稳定食物来源的人类，在田边开始了真正的定居生活。女性们也可以安心地生养孩子了。以农耕生活转型为契机，人口开始了爆发性的增长。

人口一增加，村落规模就随之扩大，最终发展为城市并产生了文明。从狩猎采集转换成农业，正是人类踏出的与其他动物截然不同的一步，可说是一大革命。但同时，真正的丰饶也越离越远了。

智人
我们
2 万年前
1 万年前
现在

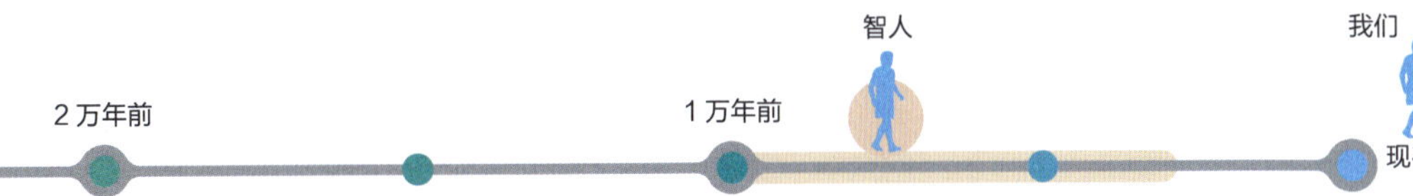

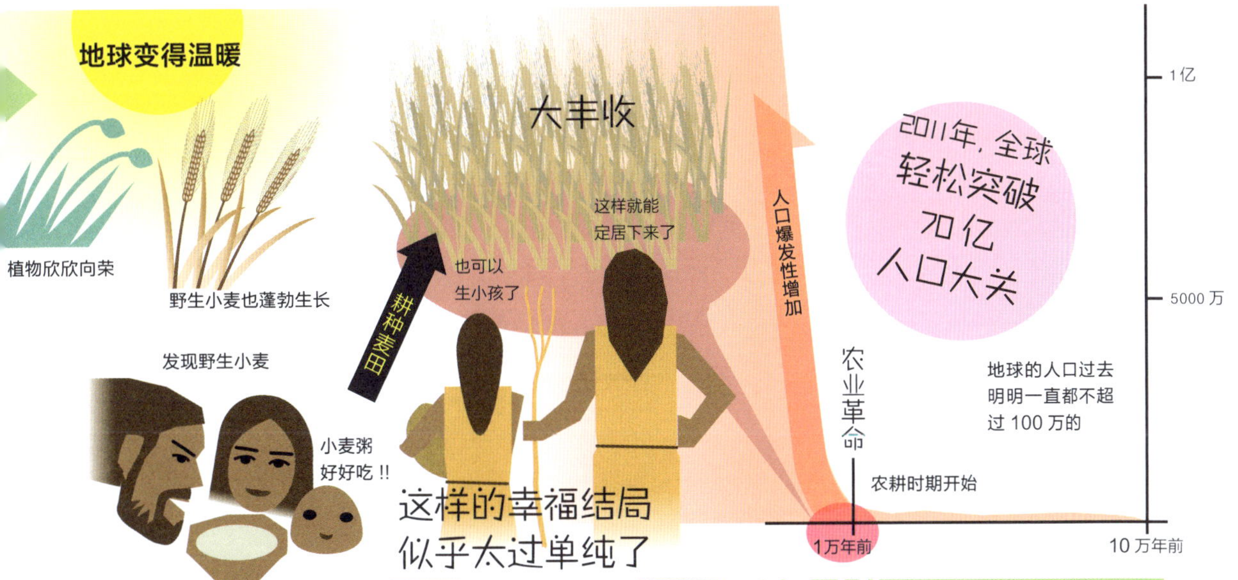
地球变得温暖
植物欣欣向荣
野生小麦也蓬勃生长
发现野生小麦
小麦粥
好好吃 !!
大丰收
耕种麦田
也可以
生小孩了
这样就能
定居下来了
这样的幸福结局
似乎太过单纯了
人口爆发性增加
2011年，全球
轻松突破
70亿
人口大关
1亿
5000 万
地球的人口过去
明明一直都不超
过 100 万的
农业革命
农耕时期开始
1万年前
10 万年前

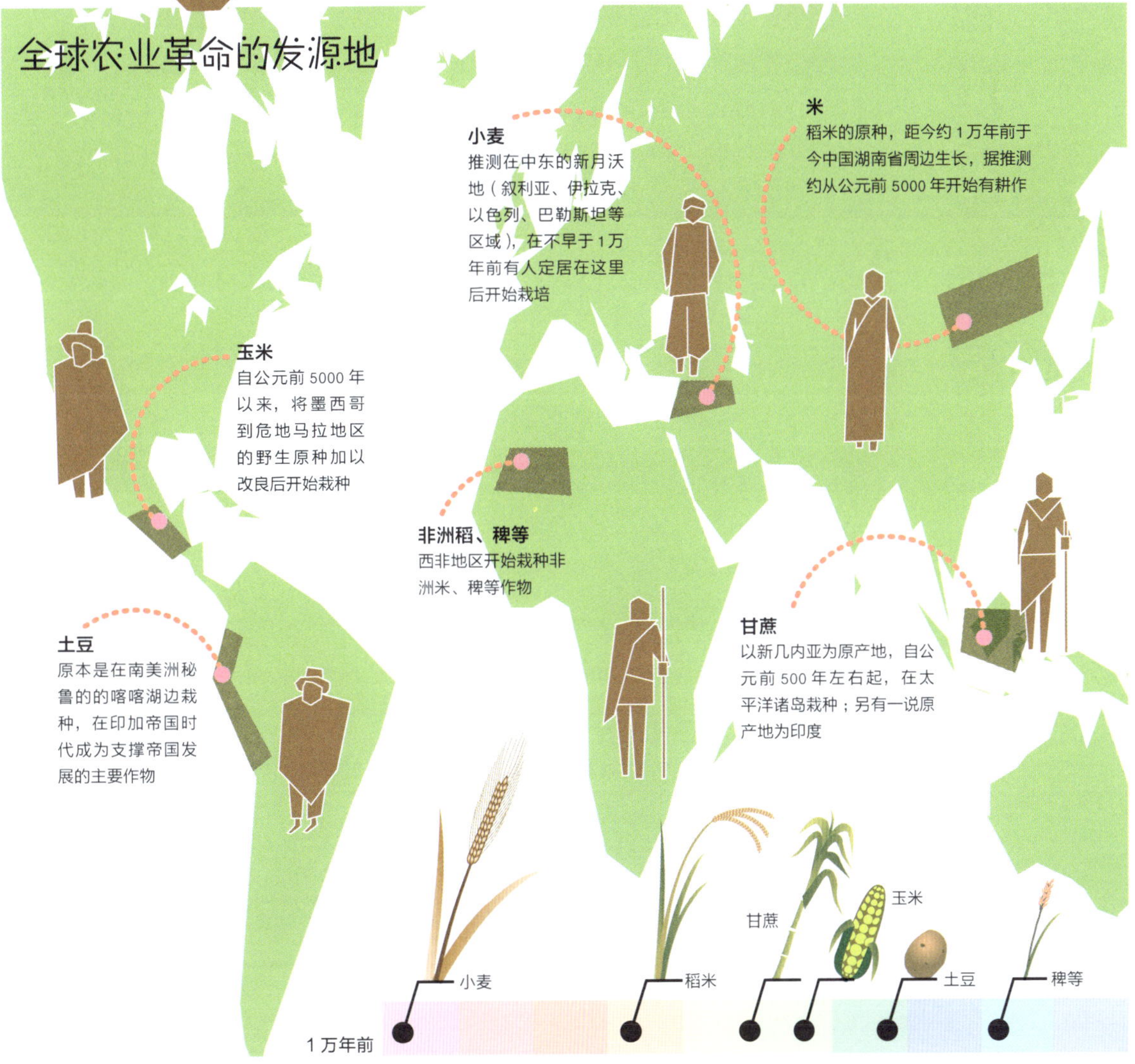
全球农业革命的发源地
小麦
推测在中东的新月沃地（叙利亚、伊拉克、以色列、巴勒斯坦等区域），在不早于1万年前有人定居在这里后开始栽培
米
稻米的原种，距今约1万年前于今中国湖南省周边生长，据推测约从公元前 5000 年开始有耕作
玉米
自公元前 5000 年以来，将墨西哥到危地马拉地区的野生原种加以改良后开始栽种
非洲稻、稗等
西非地区开始栽种非洲米、稗等作物
土豆
原本是在南美洲秘鲁的的喀喀湖边栽种，在印加帝国时代成为支撑帝国发展的主要作物
甘蔗
以新几内亚为原产地，自公元前 500 年左右起，在太平洋诸岛栽种；另有一说原产地为印度
小麦
稻米
甘蔗
玉米
土豆
稗等
1 万年前
现在

5万年前 4万年前 3万年前

5 农业革命的利与弊②

智人无意间打开了名为『农业』的『潘多拉之盒』

饮食生活的变化，让人类变得不健康？

农业革命是人类学会操控自然的一个划时代变革。人类不仅改良作物品种，提高了栽培效率，也发展出人工引水的灌溉技术，将河水引至旱田。食材供给稳定，人的生活眼见着富裕起来。但是，这里仍有几处“陷阱”。

在狩猎采集时代，人类从自然界取得丰富的食材，均衡摄取营养。然而，随着人类倾向于栽种易栽培的特定作物并以之为食，等注意到的时候，已经过上以碳水化合物为主、缺乏营养均衡的饮食生活了。

因为人类会去掉主食谷物的外壳，碾碎了再吃，于是出现了在先前的狩猎采集者身上几乎从未见过的高蛀牙率。原本主要以肉为主食的杂食性人类，尚未来得及发展出足以适应新形态饮食生活的身体结构。开始过上农耕生活后，人类反而被迫过着没有以前健康的生活。

成为田地的『囚徒』，劳动时间显著增加

此外，农耕生活也让人类的劳动时间明显增加。在狩猎采集生活中，每天只需采集必要量的草与果实，每周狩猎几次即可，而一旦过上农耕生活，人类就得从早到晚为耕种、为家畜操心。人类必须对抗意外灾害，像河水泛滥、虫害、鸟兽毁伤庄稼等。就算顺利收割，紧接着又要面对新任务：要管理一次性大量采收的作物，并将它们妥善储存到明年。而且，只要人口增加，就需要更大面积的田地，需要投入更多的劳动力。

可以说，人类自以为掌握了控制自然的手段，却反而成了田地的“囚徒”，过着不自由的生活。智人啊，你们可是打开了名为“农业”的潘多拉之盒呢。

2 万年前　1 万年前　现在

太阳下山前，一直都在田里耕作

定居，然后开始被耕田生活束缚

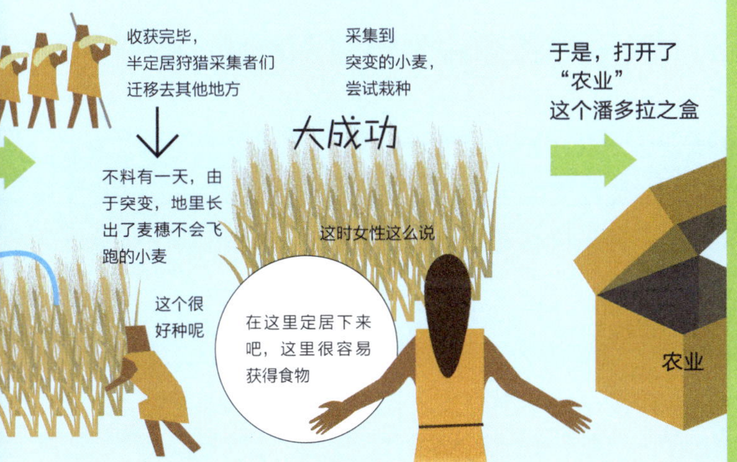

只有人类，能从自然中脱身出来，转而开始操控自然

舍弃许多种子，只选择对人类而言最好的，将大自然当作田地来耕种

随着定居形态出现，竞争也开始了

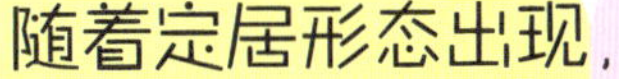

就算发生争执——

那就快快转移到别的地方嘛——问题解决

但是，一旦开始定居……

一些动物也经历了品种改良，成为人类的家畜

现在，这类动物叫“经济动物”

参考《潘多拉的种子：农耕文明完全开启的灾难盒》（パンドラの种　农耕文明が开け放った灾いの箱，化学同人出版）

5

农业革命的利与弊③

开始定居生活的智人，苦于和新疾病搏斗

随着动物成为家畜，传染病散播至世界各地

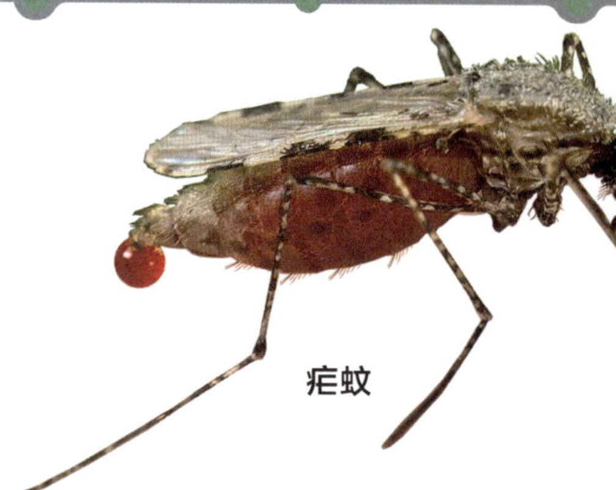

疟蚊能充当恶性的热带疟原虫的媒介，其幼虫在水田、排水沟等积水处成长，从卵到成虫约经历 14 天；一旦感染疟疾，在经过 10 天以上的潜伏期后，就会开始发高烧，达 38 度以上

因农业革命，人类开始以大团体形态定居于某一处，并开始饲养羊、牛、猪等家畜，但结果是，人类必须承受意想不到的灾难：疾病。

狩猎采集者不仅原本就具备对抗病原体的免疫力，也不会在容易滋生细菌的排泄物或垃圾场附近停留太久，而会频繁迁移。因此，当时因生病而丧命的情况相当罕见，死因几乎都是在狩猎或迁移的过程中受伤。

但自从人类开始过上定居生活后，传染病一跃成为死因之首。群居动物身上本就带有传染病，人类又将这些动物当作家畜驯养，因而染上传染病。麻疹、肺结核、天花、鼠疫（黑死病）、霍乱等传染病，不论哪一种，都是进入农耕时代后的家畜带来的。农耕民还与家畜共同生活，也会使用其粪尿做肥料。此外，将病原体带到谷物储藏处的老鼠也集结成群，农耕用蓄水池更是容易滋生害虫。人类就这么在不知不觉中，创造了一个容易发生传染病的不卫生环境。

人口密集的地方更容易发生群聚性感染。不久随着人类开始交易，传染病的威力也因而传播至全世界。以疟蚊（按蚊）为媒介的疟疾，也搭上了农耕文化扩大的顺风车，从非洲扩散至世界各地。

柬埔寨的吴哥窟遗迹，曾是拥有 75 万居民的吴哥王朝巨型都市，然而 15 世纪王朝突然瓦解，这座都市也遭废弃。原因之一，据说就是疟疾。支撑都市的蓄水池和水田，滋生了大量的疟蚊，令居民们全都失去了可居住的环境。

很多的传染病一直持续威胁着人类，直到 18 世纪以后抗生素和疫苗陆续发明后情况才有所改观，而发展中国家至今仍有传染病肆虐。传染病就是距今 1 万年前人类选择了农耕生活所致。

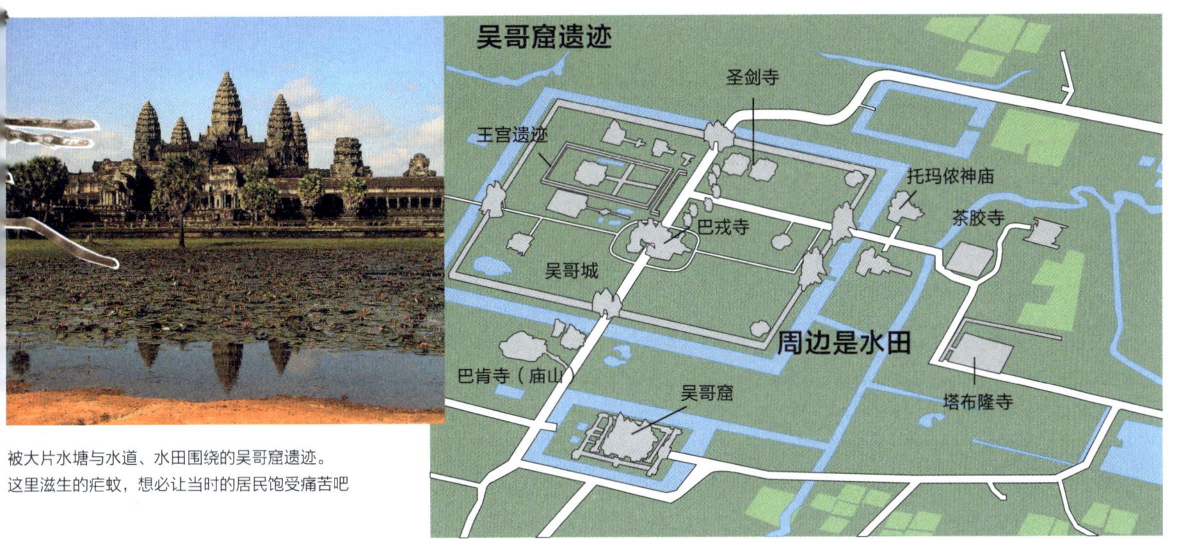

被大片水塘与水道、水田围绕的吴哥窟遗迹。
这里滋生的疟蚊，想必让当时的居民饱受痛苦吧

定居生活提高了地盘意识，致使人类自相残杀

伊拉克北部摩苏尔附近，有着人类最古老的战争遗迹。遗迹中发掘出了120具人骨，在其中数具上都发现了箭镞射伤的痕迹。这些推测距今约15000—9200年前的遗骸，诉说着部族同伴曾在此处发生激战的往事。这一时代是转向农耕生活的过渡期，人们一面狩猎采集，一面开始定居生活。

争斗的原因，就是定居生活本身。在以家族为单位的小规模群体边狩猎边移居的时代，人是没有固定领地的，交战对手也都是兽类，应该守护的乃是家人。而由于定居形态的出现，强烈的地盘意识也随之产生，终于发展到了凭集团力量动用武力排除入侵者的情况。随着农业文明的开始，一旦人类正式进入定居形态，围绕领土、水源的争执也越来越频繁地发生。人类自相残杀的战争，正是定居生活所致。

参考《人类为何具备人性》（ヒューマン　なぜヒトは人间になれたのか，角川书店出版）

农业革命的利与弊④

人类开始辛苦的农耕生活，其实是因为宗教?!

哥贝克力石阵遗迹颠覆农耕起源的定论

土耳其东南部发掘出的哥贝克力石阵遗迹，是全球公认的最古老的宗教设施。随着针对这座遗迹的相关调查不断展开，人们发现了颠覆过往考古学定论的新证据。

过去一般认为，是农耕生活创造了文明、产生了宗教，从而使巨大的神殿得以建造。但从该遗迹中发掘出了类似神殿的建筑，其年代早于 12000 年前，而当时人类尚未进入农耕时代。这里并未发现人类定居或任何植物栽种的痕迹，反而发现了近 20 处圆形结构体，这些雕刻着人类与动物形状的石柱并列矗立。据推测，这里应该是为举行某种仪式而建设的场所。

石柱上雕刻的元素，混杂着多元风格的样式，据推测是由不同部族所为。此外，该遗迹中发掘出了大量的动物骸骨。

由此可以推测，在各地过着狩猎采集生活的部族，实际上拥有共同信仰，并通力合作建造了这座神殿。然后，这里就成了各部族举行仪式或交流信息的地方，或是调停部族同伴间争执的场所，各部族在此宰杀珍贵的食用动物，举行祝祷飨宴。甚至，这里还发现了大型石器，据推测可能是用来将小麦制成啤酒供人饮用的工具。

其实，距该遗迹仅 60 公里处，正是小麦的原产地卡拉卡山。在农耕之前的时代，小麦仍属于奢侈品。

实地调查过的德国考古学者表示，由上述事证可引出某种假说。也就是，宗教是先有的，然后才有了让人们聚会的场所，再有了在祝祷宴上准备奢侈食材的必要。于是各部族竞相栽种小麦，衍生出农耕生活。也就是说，是宗教促成了农业的诞生。

过去人们认为，人类从狩猎采集生活转至农耕生活是必然的趋势，但现在，此类观点开始不断得到修正。如今发现，小麦与稻米并非一开始就是农耕民的日常食物来源，在对难以侍弄的野生种进行品种改良并直至获得稳定收成之前，得先经过几千年的试错。

人类为何开始如此辛苦的农耕生活？面对这一谜题，珍贵的哥贝克力石阵遗迹提供了一种解释。未来针对该遗迹的进一步调查结果，将持续吸引各界关注。

智人
我们
2 万年前
1 万年前
现在

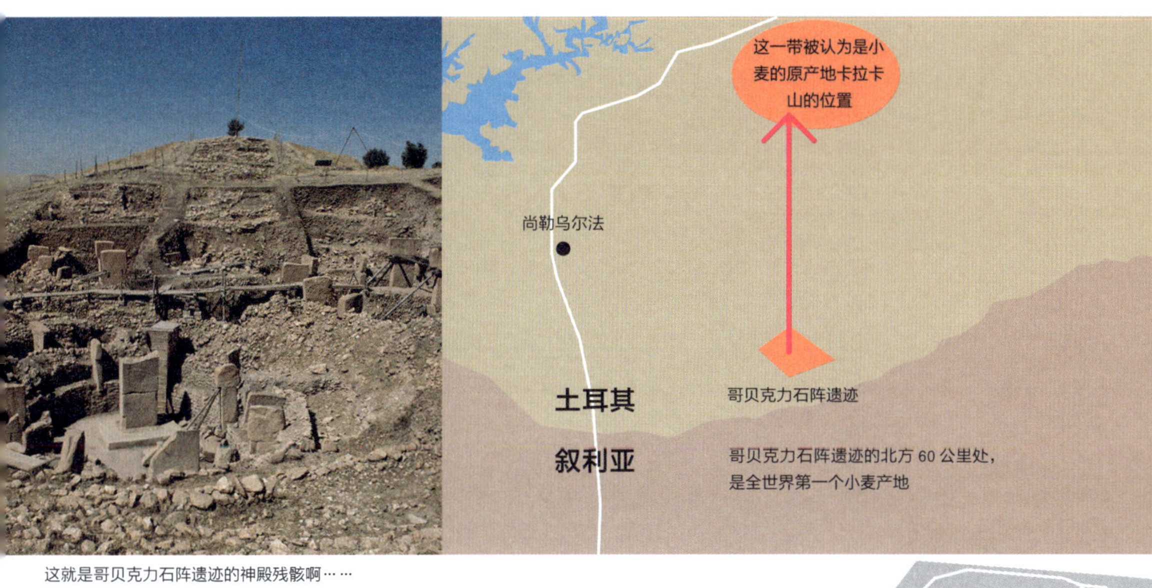

这就是哥贝克力石阵遗迹的神殿残骸啊……

这一带被认为是小麦的原产地卡拉卡山的位置
尚勒乌尔法
土耳其
叙利亚
哥贝克力石阵遗迹
哥贝克力石阵遗迹的北方 60 公里处，是全世界第一个小麦产地

为何智人要开始过这般辛劳的农耕生活？

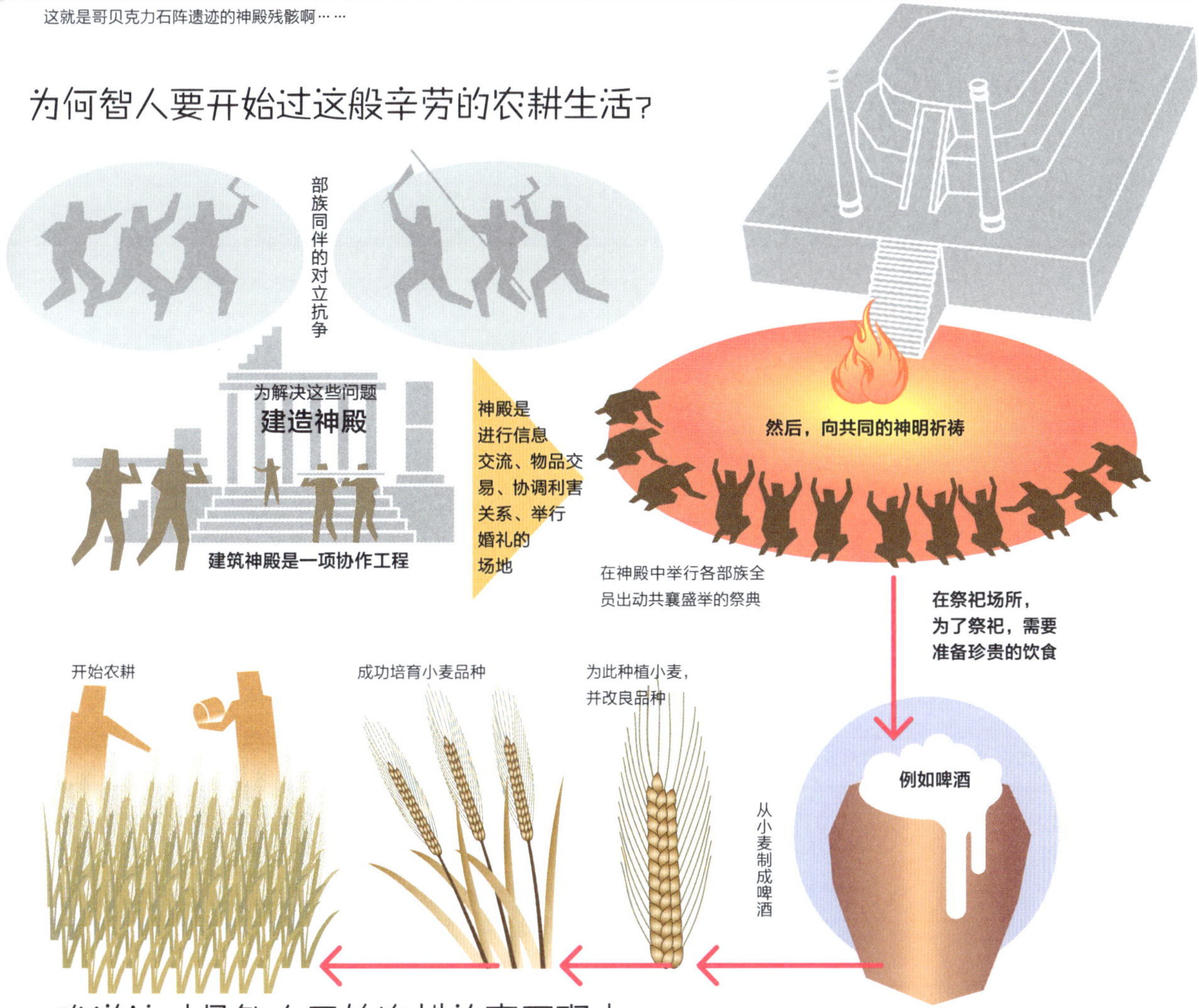

部族同伴的对立抗争
为解决这些问题
建造神殿
建筑神殿是一项协作工程
神殿是进行信息交流、物品交易、协调利害关系、举行婚礼的场地
然后，向共同的神明祈祷
在神殿中举行各部族全员出动共襄盛举的祭典
在祭祀场所，为了祭祀，需要准备珍贵的饮食
例如啤酒
从小麦制成啤酒
为此种植小麦，并改良品种
成功培育小麦品种
开始农耕

难道这才是智人开始农耕的真正理由？

参考《人类为何具备人性》(ヒューマン　なぜヒトは人间になれたのか，角川书店出版)

名为“宗教”的想象世界的开端①

“泛灵论”的灵性世界，是人类想象世界的开端

拉斯科洞窟为何出现壁画？

迄今发掘的诸多遗迹显示，智人尚在过着狩猎采集生活时，就已经有不少人选择居住在自然形成的洞窟中。

拉斯科洞窟中马匹的线描壁画

在那样的洞窟深处，存在着他们描绘的各种图画。而人类最古老的艺术作品，应属位于法国西南部韦泽尔峡谷的拉斯科洞窟中的壁画，它们出自距今15000年前的人类之手。

在日光照射不到的洞窟深处尽头的狭窄墙面上，有许多以鲜艳的色彩、灵动的线条描绘的马匹、野牛等栩栩如生的动物。当时的人是基于怎样的目的，创作了这多达500件的壁画？

关于这个疑问，至今流传着许多说法。现在多数研究者主张，当时洞内的人可能是为了祈求什么而绘制了这些动物。

墙面上绘制的动物既是狩猎的目标，也是维系人类生命的食物。我们自然而然地就会联想到，这面壁画的作者应是在祈祷狩猎成功。若是如此，当时的人究竟是在对谁祈求这样的成功呢？

这些动物绘画，不论是马还是野牛，与任何智人单独对峙，都是非常强大的动物，单独一个智人绝难应付。而人类多半会将力量超越人类的存在，视为与更大力量的根源有关。

15000年前的人类，以近乎全裸的姿态，为了生存，或是徒手，或是用少得可怜的工具，与大自然的一切搏斗。大自然既带给人类恩惠，有时也带来大的灾难。这片天地拥有的力量可谓无限，对此，人类自然心存畏惧，于是就为自己、为小群体祈祷，以获得更大的力量。

可以认为，当时的人绘制壁画，正是带着这样的期待。动物作为天地间无限力量的象征，被赋予了形象，出现在了拉斯科洞窟最深处这个人类心目中神圣的地方。

不过，当人类开始农耕生活后就改变了

泛灵论也与我们相关

如果拉斯科洞窟壁画是人类最初的艺术作品，那么同时，它们也可说是宗教画，而印刻着它们的洞窟，则堪称人类的最初神殿。智人就这样，开启了宗教这类波澜壮阔的想象世界。

像以上这种人类最初的祈祷形式，就称为泛灵论。也就是说，自然界中的万事万物之内，都居住着灵魂。

就像拉斯科洞窟的居民将被狩猎的动物视为神圣的存在，向它祈祷，人类的共同体也将各式各样的事物视为神圣的存在，以它们为祈祷对象。这些事物可能是树木这种大家伙，也可能是与我们关系亲密的动物——比如被奉为“稻荷之神”的狐狸。居住于加拿大的美洲原住民，会将信仰对象的形态刻在巨大的柱子上，把柱子立在村庄入口处用以辟邪。这就是所谓的图腾信仰，可说是泛灵信仰的一种典型。

像这种由狩猎采集的人类编织出的宗教，在进入农耕社会之后又以不同的形态呈现。

人类原本属于大自然的一部分，现在开始控制自然，但人类无法控制天候状况，于是

人类心中祈求的诸般幸福，让无数神明因应而生

名为「宗教」的想象世界的开端②

因应人之祈愿，各样神祇诞生

湿婆神
破坏与创造之神，创造这个世界的秩序

吉祥天女
掌管美丽、丰饶与财富的女神，也有一说是莲花精灵

辩才天女
掌管圣河与丰饶的女神，后也被视为学问、艺术之神，手持弦乐器

哈努曼
猿猴的化身，战斗之神。也有一说，他是中国孙悟空的原型

毗湿奴
印度教最高神。保护世界不受破坏，是终极守护神

象头神
大象的化身，也是财富与交易买卖的神，会聆听世人关于现世利益相关的祈愿

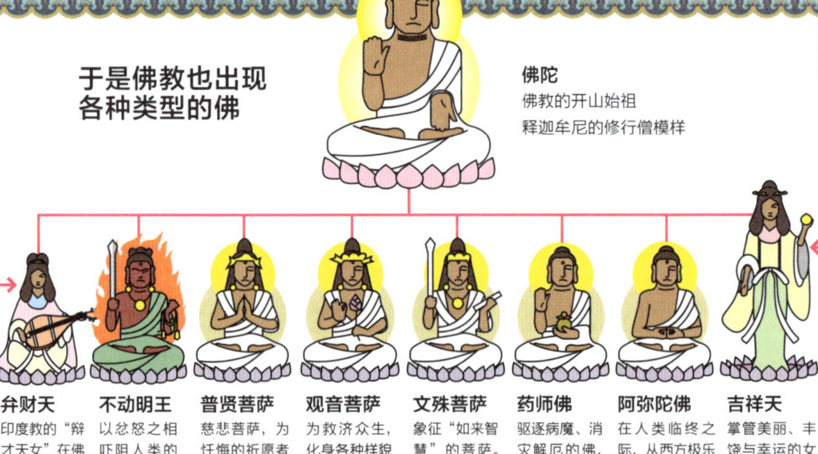

于是佛教也出现各种类型的佛

佛陀
佛教的开山始祖
释迦牟尼的修行僧模样

弁财天
印度教的“辩才天女”在佛教中化身弁财天，是带来水的恩惠的女神

不动明王
以忿怒之相吓阻人类的恶念，为众生消灾解厄

普贤菩萨
慈悲菩萨，为忏悔的祈愿者拔除罪愆

观音菩萨
为救济众生，化身各种样貌出现在凡间

文殊菩萨
象征“如来智慧”的菩萨。左手持经文

药师佛
驱逐病魔、消灾解厄的佛，手持药壶

阿弥陀佛
在人类临终之际，从西方极乐净土前来接引

吉祥天
掌管美丽、丰饶与幸运的女神，化身自印度教吉祥天女

为救众人，不动明王现 6 种变化（多说法之一）

参考《日本寺庙与佛像的书》（日本のお寺と仏像の本，学研 publishing 出版）

智人 我们
2 万年前 1 万年前 现在

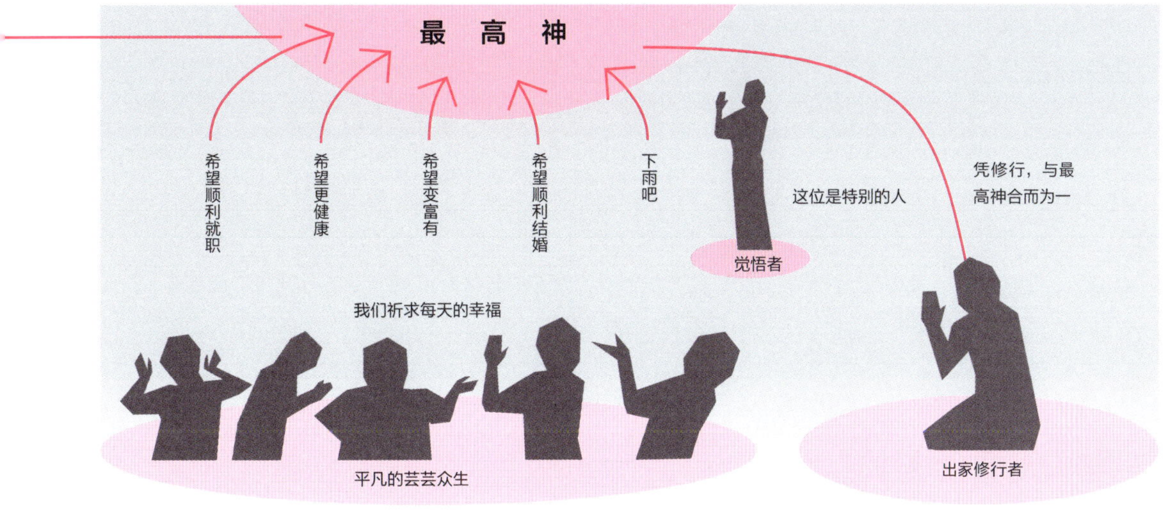

最高神
希望顺利就职
希望更健康
希望变富有
希望顺利结婚
下雨吧
这位是特别的人
觉悟者
凭修行，与最高神合而为一
我们祈求每天的幸福
平凡的芸芸众生
出家修行者

农耕社会改变宗教样貌

农耕是靠天吃饭的谋生方式。为了让不可抗力的天气给自己的田地带来丰收，人类开始对普遍意义的神提出更具体的愿望。

人类在天旱之时祈求降雨，相反地，在连日大雨时又祈祷重见阳光。这些祈求都是为了让田里的作物生长，大地变得丰饶。因应人们这样的心愿，丰饶之神就降临在了人类的想象世界里。

这尊丰饶之神，是世界上几乎所有农耕社会都崇拜的女性神明。作为掌管生儿育女、生命繁衍的神明，她以各式各样的面貌丰富了人类社会的信仰世界。

印度教世界可以说是多神教的典型。从创世之神梵天，诞生出毗湿奴与湿婆二大神。毗湿奴掌管这个世界的法律与正义，维持世界的运行。湿婆则身负在破坏这个世界后使其重生的责任。这两位神明又各自拥有女神配偶，毗湿奴是和吉祥天女，湿婆则是和雪山神女。在这一神明家族中，许多神会改变形貌再次诞生。

像这样为配合人类各式各样的愿望而改变形貌现身于世的神明，被称为“化身”。直至今日，这样的化身，在游戏与网络世界中称为“角色”（avatar），对我们而言也是相当熟悉的存在。avatar 在印度神话中就是指神的化身（avatara），这一点想必有很多人知道吧。

存在着许多化身的宗教，就称为多神教。多神教的典型代表印度教，除在左图登场的诸神之外，还存在很多个化身。而在印度教信众眼中，佛教的佛陀竟然就是毗湿奴的化身之一，佛陀也是印度教徒的信仰对象。

至高的本源神回应人类的愿望而形成化身，这种神祇系统结构也出现在佛教中。我们相当熟悉的观音菩萨、弥勒佛，都是作为佛祖的化身出现的。顺带一提，掌管净财的女神弁财天是印度教辩才天女的化身，而吉祥天则是吉祥天女的化身。

6 名为「宗教」的想象世界的开端③

在中东的荒野，某个智人部族遇上「嫉妒之神」

那位神，名为「嫉妒之神」

犹太人在《旧约》中记载了一神教的诞生，如下。公元前 128 年左右，在逃出埃及的犹太人面前，出现了一位神，这位神被称为雅威（旧：耶和华），别名“嫉妒之神”。雅威对犹太人的代表摩西说：在众神中只奉我为真神，且只遵守我的诫命，如此一来，我将保犹太一族的繁荣。

因此，犹太人遵守这唯一的“嫉妒之神”所下达的“十诫”，并与雅威约定不会信奉别的神。这件事，就发生在中东旷野中的这个小型民族身上。

这群犹太人，在今天的以色列这块土地上建立王国，历经几番盛衰。物换星移，犹太人的王国灭亡，罗马帝国统治了他们。此时，一名青年出现在耶路撒冷。青年名为耶稣，出生于拿撒勒，是一名木匠之子。他在接受了施洗约翰的洗礼后踏上了旅途，一路创造了许多奇迹，例如《圣经》称他让盲人突然重见光明，让死者复生，甚至能步行走过波涛汹涌的水面。于是人们不断聚到这位青年身边，纷纷拜他为师。不久人们就开始谈论说，他就是预言中所指的弥赛亚（救世主）。

犹太教的律法学者将耶稣视为危险分子。他们向罗马总督举报耶稣，认为耶稣是提倡异教思想、扰乱社会秩序的人。最后，耶稣被钉死在了十字架之上。

幸存的耶稣信徒不断探究耶稣现身于人世的意义，探究他明明是救世主却惨遭杀害，意义又是什么。其中一名信徒保罗认为，耶稣死去，是为替全人类赎罪而牺牲。正是为此，神才派耶稣来到世间。也因此，耶稣的死证明了神爱世人。

这名青年的死，是基督教诞生于世的重要时刻。保罗所论述的救赎人类的教义，随着被称为“十二使徒”的信徒们，传遍罗马帝国各地，甚至跨越国界，传布至远方的印度。

当时的罗马帝国，是信奉众多神祇的多神教之地。在这样的环境下，主张一神论的基督教徒备受迫害。但是，即使出现了许多殉教者，基督教却渐渐深入人心。罗马帝国当时适逢内政紊乱，于是将基督教奉为国教。这样，原本只归犹太人信奉的神，因耶稣的死成了全罗马帝国都可以信奉的神。超越民族的世界性宗教，其基础就是这样打下的。

智人

前 1000 年　公元元年　1000 年

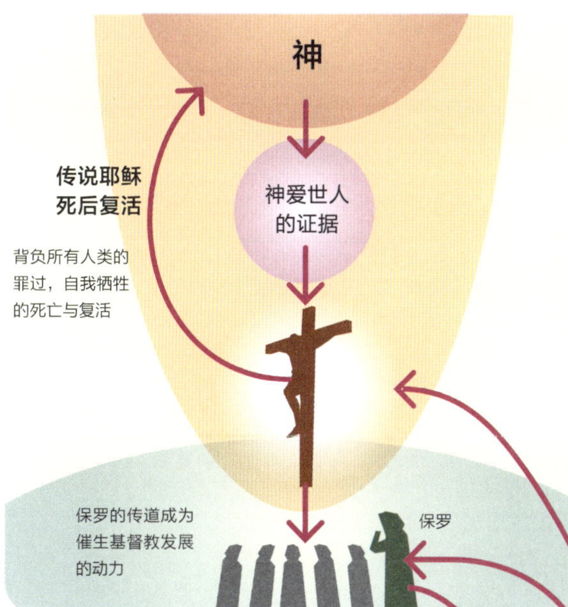

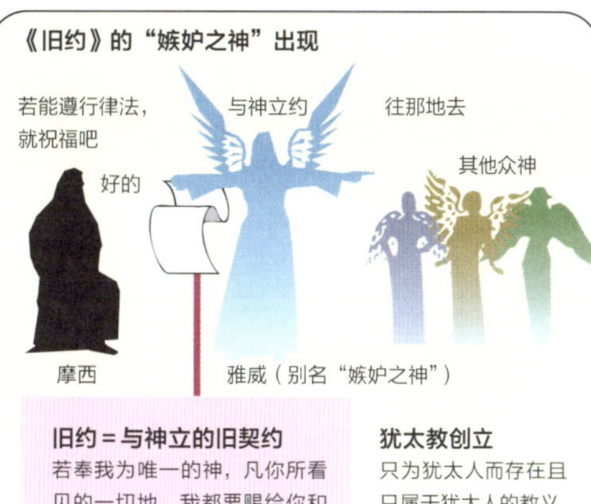

旧约＝与神立的旧契约
若奉我为唯一的神，凡你所看见的一切地，我都要赐给你和你的后裔，直到永远

犹太教创立
只为犹太人而存在且只属于犹太人的教义

耶稣诞生在这个群体中，长大成人后踏上旅途

信徒们说发生了复活的奇迹

犹太人开始流传耶稣其实就是弥赛亚，而将这视为危险思想、急欲抹杀的犹太教神职人员开始行动了

耶稣在各各他山被钉十字架

为耶稣的死悲叹的，还仅是少数信徒

基督教成为世界宗教之前

使徒们赌上性命传教

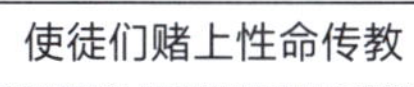

① **雅各**
为传教前往西班牙，回到耶路撒冷后遭到处刑

② **彼得**
去往罗马传教，被当时的罗马皇帝尼禄倒钉十字架而殉教

③ **西门**
在传教途中被锯成两段而殉教

④ **达太**
往波斯传教，在当地被处死，遗体送回罗马

⑤ **安德烈**
前往南俄罗斯、小亚细亚传教。在俄罗斯成为守护圣徒

⑥ **巴托洛缪**
曾传教至印度、波斯，后遭受剥皮刑罚而殉教

公元 600 年左右的地中海世界，基督教开始成为世界宗教

自犹太教社会脱离，扩散至希腊语圈

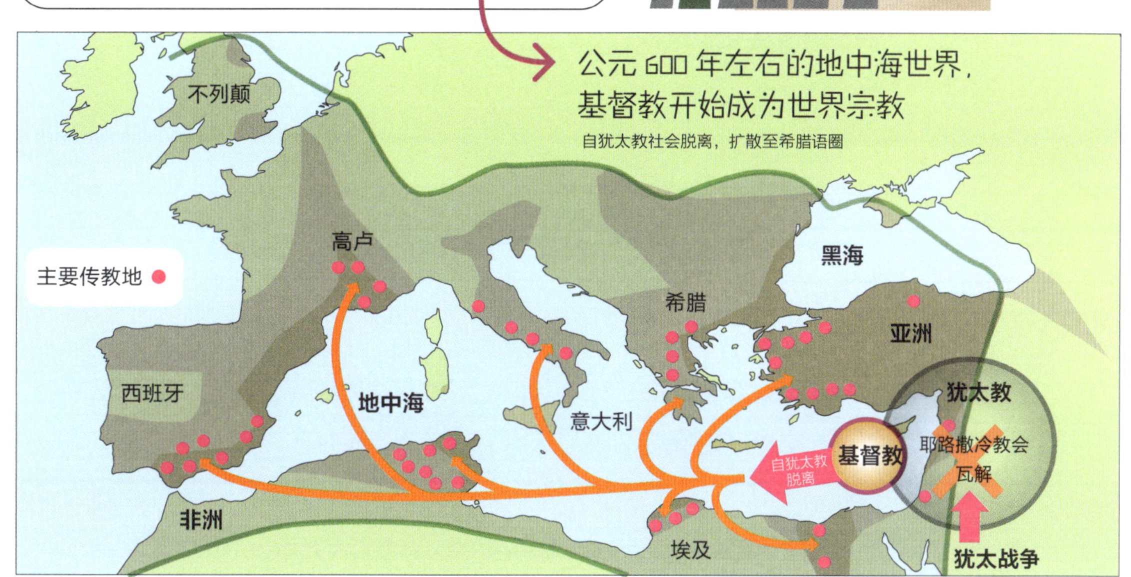

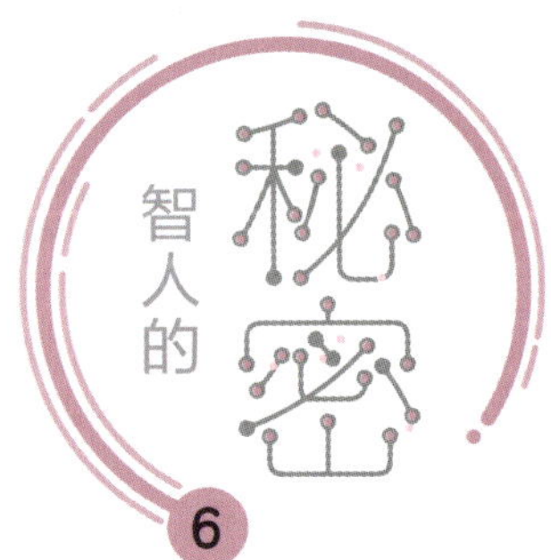

名为『宗教』的想象世界的开端④

对于信奉一神教的基督教徒而言，『善恶』的区分是既单纯又明快的

只有遵从神的人，才是『善类』

对于自己的行为究竟是“善”是“恶”，人类到底是如何下判断的？过去发生在共同体之间的战斗，目的就是取得己方的胜利，获胜就意味着“正义”，就是“善”。这是个弱肉强食、胜者即正义的世界。

但对于信奉一神教的人而言，并不存在这样的“正义”与“善”。因为在一神教世界中，能做出善恶判断的，只有神而已，人类不可以判断。

对于基督教徒而言，只有神才是“善”的存在，遵从神的教义就是“善”的行为。因此，只有基督教徒才是“善”的存在。

如此一来，早期基督教所指的“恶”是什么呢？那就是除了基督徒以外的所有存在：他们都该下地狱。没有一丝迷惘，区分得单纯明快。

综观全球，其实基督教不过是诞生于中东一隅的一个宗教，但正如历史所述，基督教的这种教义成了大大影响后世欧洲人进军世界、侵略他国的原动力。

16世纪，西班牙人驾船来到新大陆后，针对所遇见的原住民异教徒，还特别询问了本国的神职人员，是否该将对方视为“人类”对待。结果答案非常明确。结果，这些殖民者以“正义”之名，行大量屠杀南美异教徒之实，竟致印加文明与玛雅文明灭绝。

始于11世纪，由当时的基督徒发起的十字军东征，也是基于同样的原因。基督教与伊斯兰教双方为夺回圣地耶路撒冷而一味无休止地杀戮，但阿拉伯人其实并不理解入侵者的目的。在战争大势已定的情况下，阿拉伯人是以宽容的态度统治失败者的。但是，当时欧洲的入侵者可是连妇孺都不放过的，非得杀光屠尽才会收剑。

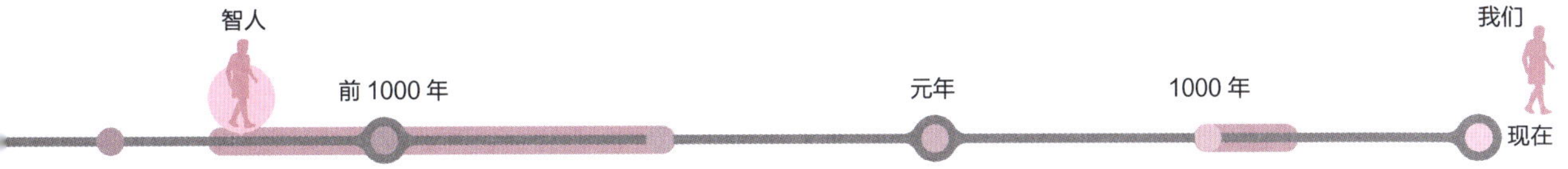

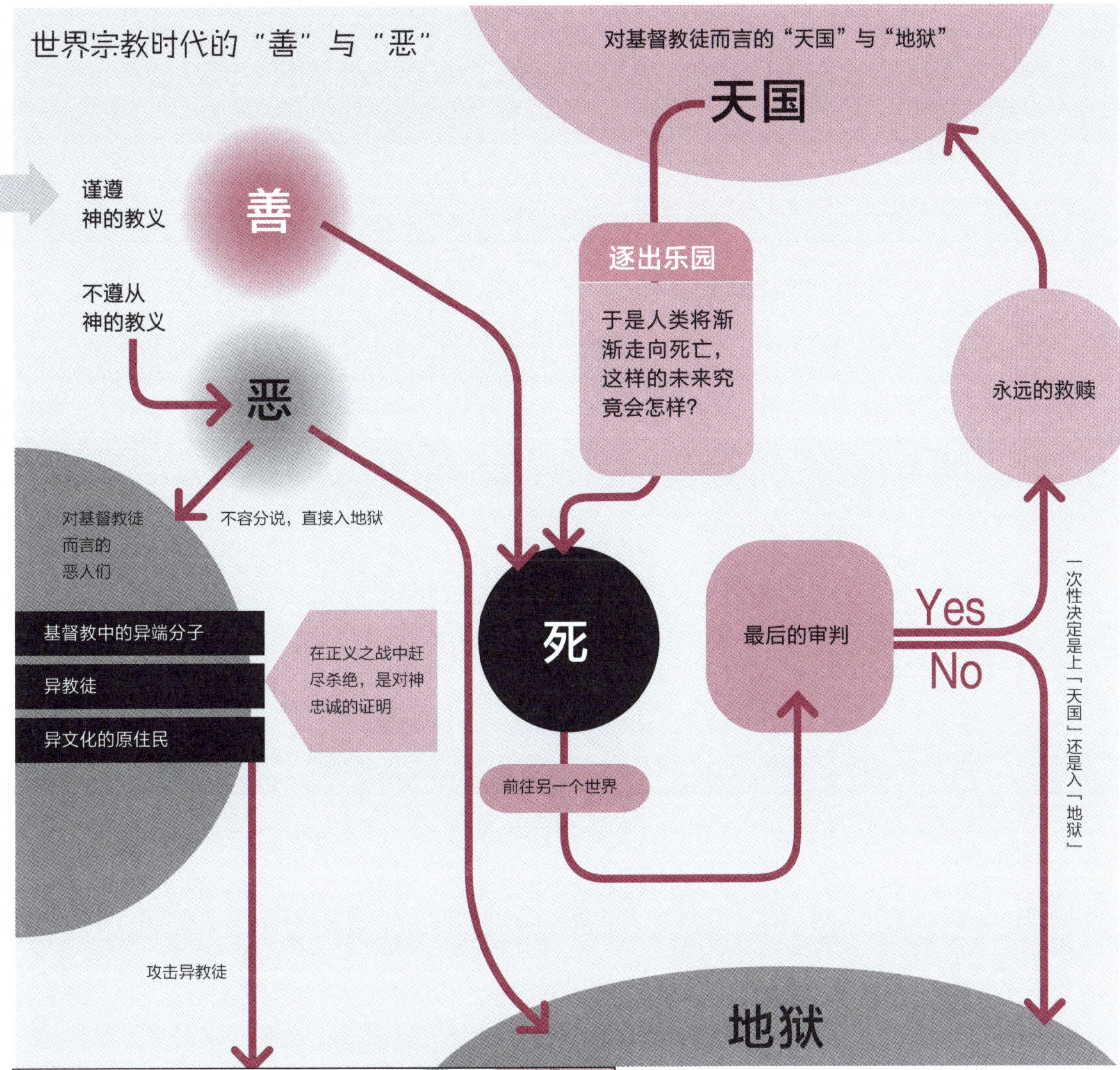

智人
前 1000 年
元年
1000 年
我们
现在

世界宗教时代的“善”与“恶”
对基督教徒而言的“天国”与“地狱”
天国
谨遵
神的教义
善
不遵从
神的教义
恶
逐出乐园
于是人类将渐渐走向死亡，这样的未来究竟会怎样？
永远的救赎
对基督教徒而言的恶人们
不容分说，直接入地狱
基督教中的异端分子
异教徒
异文化的原住民
在正义之战中赶尽杀绝，是对神忠诚的证明
死
最后的审判
Yes
No
一次性决定是上「天国」还是入「地狱」
前往另一个世界
攻击异教徒
地狱

十字军
埃泽萨
安提约基雅
阿拉伯人
利马索尔
那些家伙可是连女人、小孩都杀喔
十字军
异教徒杀无赦
阿卡
耶路撒冷
杜姆亚特
十字军之中，甚至有人的国家是在这里建国的
第 1 回
第 2 回
第 3 回
第 7 回
开罗
亚喀巴
是 12 世纪基督教国家的最大版图

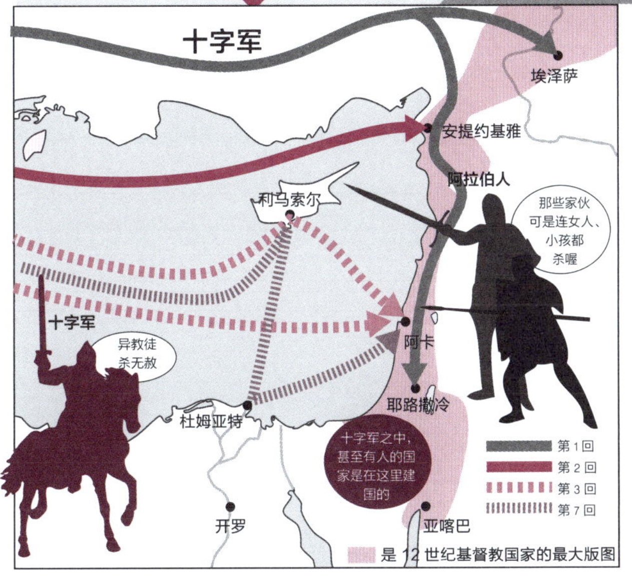

对十字军而言，这是理所当然的。对他们而言，身为异教徒的人就是“恶”，把他们赶尽杀绝是向神展现忠诚，也是“善”的行为。据说正是十字军的野蛮暴行，让中东的百姓对基督徒累恨难平，并引发了战争的萌芽。

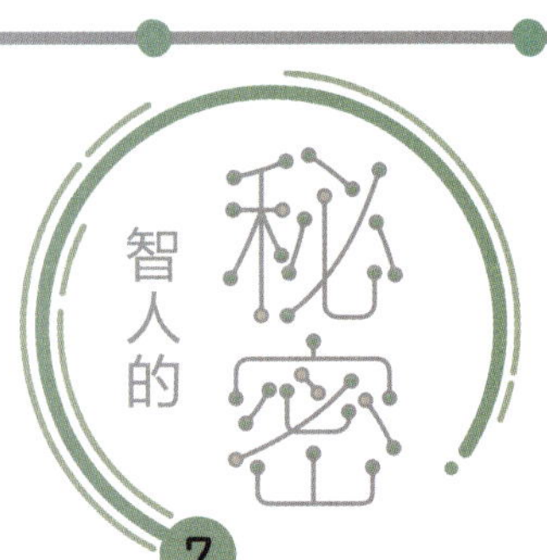

7 想象世界的秩序『等级制度』①

人类为着想象中的社会秩序，创造了『阶级』与『歧视』

向神话世界寻求根据，创造身份与阶级

人类一旦在各地形成大型共同体之后，为进一步加强共同体的凝聚力，就开始寻求建立秩序。在野生动物之中，自然是让最强有力的个体成为领导者来带领族群，但是人类并没有利用物理性的力量，而是找到了凝聚团体的其他方式，那就是“等级制度”，就是创造出身份与阶级的框架，将人分组进去。

为使等级制度具有正当性，人类经常利用想象的产物，即神话世界作为根据。例如在古埃及时代，众人相信法老（王）是太阳神“拉”（Ra）之子，拥有至高无上的权力。日本的天皇制，其起源也可追溯至记载于《古事记》与《日本书纪》中的神话世界。

此类等级制度的制定，在遇到拥有异文化的异人种之际，会显得意义越发重大。

从征服异人种衍生的印度种姓制度

作为以严格的身份制度而闻名的印度种姓制度，形成的契机是原本在中亚地区过着游牧生活的雅利安人于公元前 1500 年左右入侵印度次大陆。白皮肤的雅利安人，相当歧视褐色皮肤的印度原住民达罗毗荼人，于是前者将人分门别类，分别为婆罗门（祭司）、刹帝利（战士或王族）、吠舍（平民）、首陀罗（奴隶）等四种“瓦尔那”（Varna，即“种姓”，本义是“颜色”），并将达罗毗荼人置于最底层的种姓，即首陀罗。当时被利用的，是雅利安人最古老的经典《梨俱吠陀》里所记载的神话世界。

《梨俱吠陀》描述了这样的传说：神将原人（Purusa）作为供品分割献祭，原人的口就成了婆罗门，双臂形成刹帝利，两腿是吠舍，双足则生成首陀罗。当时的雅利安人正是向这样的想象故事寻求根据，以便将异民族置于统治之下，并借此维护秩序。

后世的印度社会则根据世袭职业的不同将阶层划分得更加精细，这种新社会阶层被称为“迦提”（Jati，“诞生”之意）。四种种姓与无数迦提结合起来，就形成了印度特有的社会制度，即存续至今的种姓制度。

歧视催生了阶级，阶级又进一步助长了歧视。触发此种恶性循环的歧视心态的是何种来源？让我们在下一页一探究竟。

智人创造出的想象秩序“歧视”：印度的种姓制度

雅利安人入侵

公元前 1500 年左右，雅利安人自阿富汗东部长驱直入，侵入印度北部

他们骑着马，使用青铜剑，是一支强大的军团

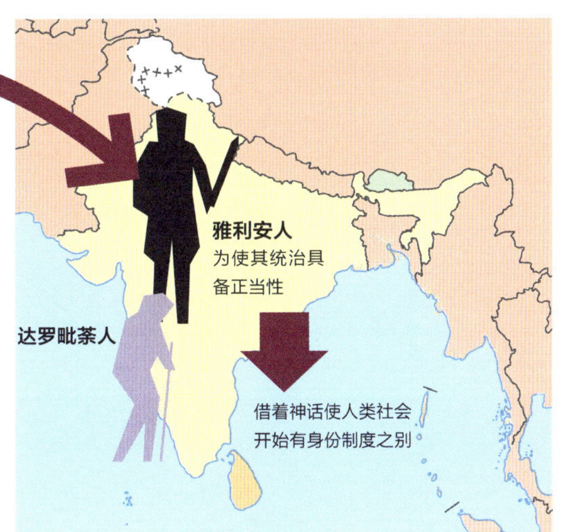

原住民族 达罗毗荼人

被雅利安人征服，逼至南印度

随着其侵略的脚步，雅利安人被达罗毗荼人传染上了地方流行病，深受其苦；有一说认为，后来的种姓制度，正是为隔离雅利安人与达罗毗荼人所采取的分离政策所催生的

雅利安人的神话《梨俱吠陀》

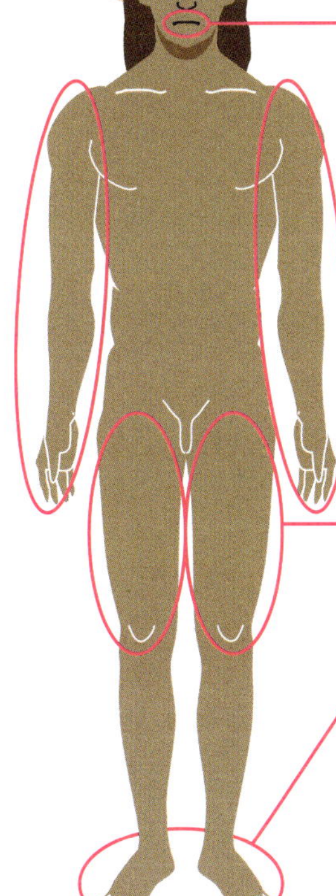

瓦尔那（四种姓）

婆罗门

身份是执行印度教神圣仪式的“祭司”，也包括社会中具有德望的知识分子

刹帝利

相当于中世纪欧洲的王公贵族、骑士阶级的人；独立前的印度，由刹帝利所统治的王国林立，该阶级能组织精锐的军队

吠舍

商人、手工业者等一般平民，富裕的工商业者多被分在此类

首陀罗

在种姓制度的初期被称为奴隶，是指从事污秽工作的人群，如今所指范围相当广，包含从事农业与手工业的一般大众

迦提

（依据社会职能而形成的身份制度）

主要是指，根据自身从事的世袭职能而被划分的社会身份，或意指由这些人所组成的社会

迦提，随着当事人的出生就已注定，当事人只能在其所属的迦提社群中生活

在同样的迦提内部，通婚、共餐、参加仪式、相互扶持等，都是义务，若违反义务，将遭到社群中人的放逐

轮回转生之道

拯救

善行

善行

善行

自己这世的迦提，是由前世的行为（业）决定的，要提升迦提的层级，必须为居上位者鞠躬尽瘁，如此才能获得来世的救赎。这一观念深植于印度教的轮回转世思想中

在印度神话中，神切割了原人的身体部位形成了人类，嘴巴成了婆罗门、双臂形成刹帝利、两腿是吠舍、双足则生成首陀罗

贱民

连瓦尔那身份制度都无法进入的人，是印度社会中最受歧视的一群，甚至不被允许使用其他种姓所用的水井，在村落社群中处在最底层。当今印度，该阶层仍有 1 亿人口

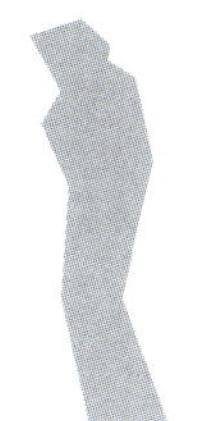

当今的印度宪法禁止基于种姓的身份歧视，但也有人指出，这样一种人们世世代代花了大量时间建构而成的想象秩序，仍顽固地残存于印度社会之中，是妨碍印度现代化的枷锁

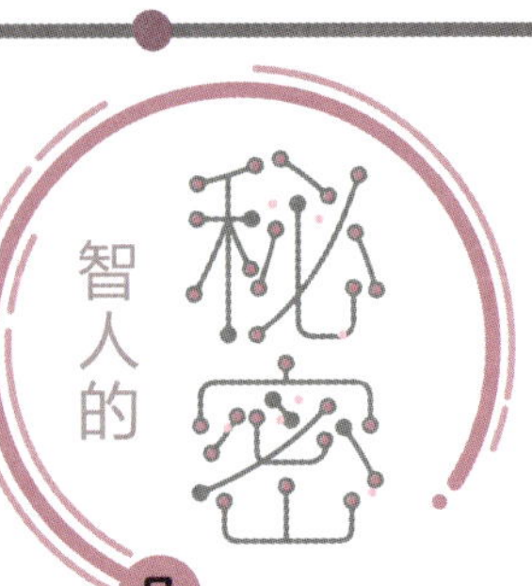

人类对于『污秽』的共同概念，创造出『歧视』的秩序

想象世界的秩序『等级制度』②

全世界共通的『污秽』概念

印度的种姓制度禁止不同种姓通婚，其中的观念是一旦接触不同种姓者，会染上“污秽”。

其实世界各地都有“污秽”的概念，其中多数是在和宗教观结合后产生的：神圣的人、事、物就是“善”，不洁净的就是“恶”。例如，犹太教的教义就将特定动物及其尸骸、皮肤病等视为不洁。

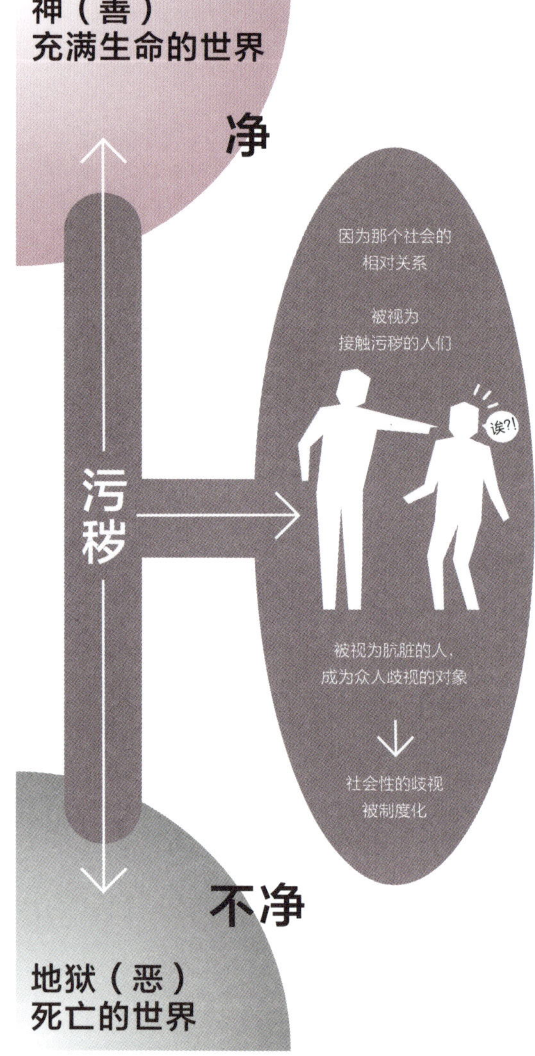

日本的神道教也不例外。据《古事记》记载，造访黄泉之国的伊邪那岐命，因碰触死亡污秽逃回凡间祓禊。遵照该段叙述，进入平安时代后，谁若接触过人及家畜死尸，会被禁止在一段时期内前往被视为神域的神社参拜。

像这样，多数的宗教将死亡或招致死亡的原因都视为不洁。这可以说是反映出，人们对于从未见识过的死亡世界心存恐惧，或是对于逐渐毁灭的肉身产生厌恶忌讳的心理。而基于死亡的“污秽”意识，人们对接触动物尸体的屠宰、皮革加工等工作相当忌讳。因此在印度种姓制度中，这类工作就由甚至被排除在制度阶层之外的最底层人民担任。就算是在日本，这类工作从中世纪开始就由被称为“秽多”的贱民执行，他们一生都遭受他人歧视。

引起人类歧视意识的“污秽”，其实并非具体存在的事物，而是人类意识的产物。随着人类开始对于想象中的“污秽”有共同认知，歧视、隔离特定人物，社会秩序的稳定性也因此建立。

出现性别歧视之前

现在全世界普遍可见的歧视之一就是性别歧视。在远古时代，拥有生育能力的女性，被视为生命与富饶大地的象征。然而，随着人类的生活从狩猎采集转至农耕，男女的地位开始发生巨大的改变。

在狩猎采集时代，男女各司其职，相互协助，彼此平等。但进入农耕时代后，人们开始了定居生活，还必须和其他部族争夺资源，这时，新的图景产生了：男人成了战斗中的强者，女人则成了被保护的弱者。此外，由于农耕需要劳动力，争夺中需要战士挺身而出，女性的角色开始转变，被视为某种能孕育生命的资产般的存在。

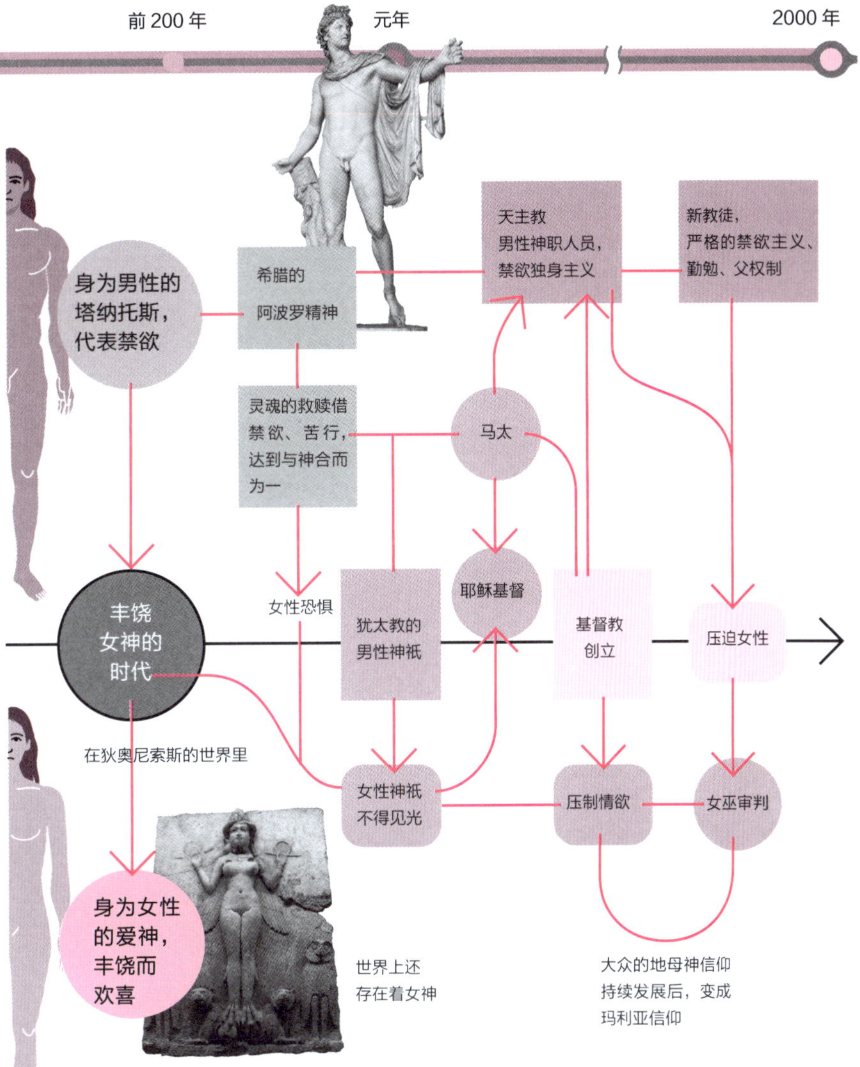

基督教在创立之初，就有“恐女”的特点

参考《宗教与爱神》(宗教とエロス，法政大学出版社出版)

父权制也就由此产生，女性被当成男性的所有物，被视为劣等存在。而且为了让女性处于劣等地位合理化，“污秽”这一概念也被加在了女性身上。在经期或生产过程中会出血的女性，被当成“污秽”的存在而受到歧视。这种认知的形成，可以说是不了解生产过程的男性，本能地对这一神秘未知的事物心存恐惧所致。

宗教常被认为是助长性别歧视的帮凶。确实，曾有佛教经典表示过“女人不能成佛”；基督教《旧约》中也记载女人是男人“身上所取的肋骨”造成的。不论是哪种宗教，虽然教义本质不同，但不能否认的是，在发展为世界宗教的过程中，其教义与制度，都在反映要以男性为社会中心的思想。

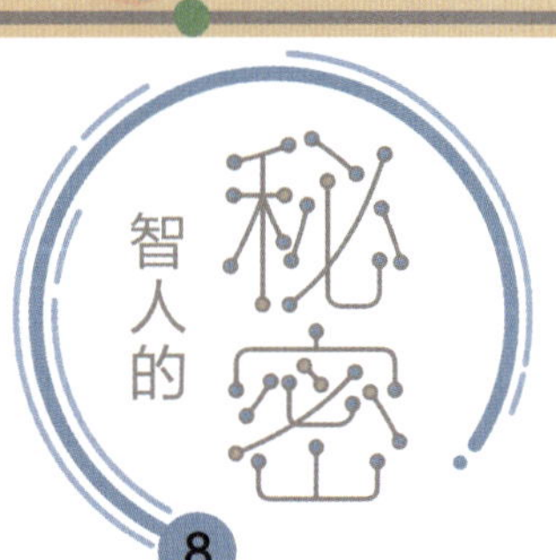

8

人类用想象力赋予物体价值，进而创造出『钱』的概念

想象世界的秩序『货币』

人们在进行商品、服务交易时使用的货币，只要彼此承认，用什么媒介都可以

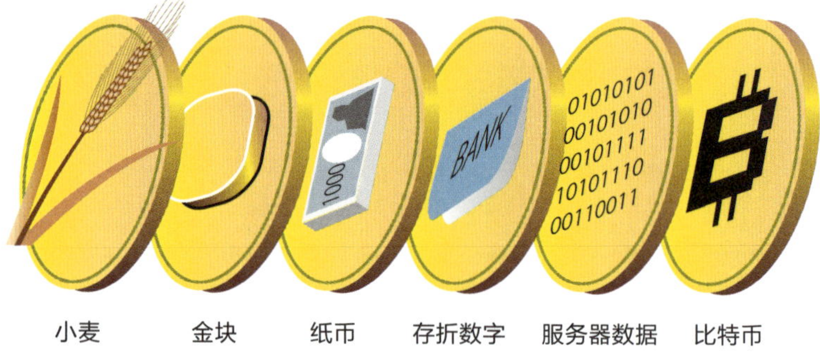

小麦　金块　纸币　存折数字　服务器数据　比特币

一切都是智人想象而成的产物

金钱的本质是想象出来的价值

现代生活中不可或缺的“钱”，其实也是人类开始过上农耕生活之后才有的产物。

农耕带来了所谓分工的劳动模式，人类就用以物易物的方式弥补不足。但因每个人所需不同，无法刚好换到自己想要的东西，因此大家都希望拥有的东西，如谷物、家畜、布匹、盐等，就变成了交换的媒介。

这种东西就叫“物品货币”。虽然在这个阶段，货币本身仍是有形体的实用品，但这无疑是朝向成熟货币形态发展的第一步。每种物品都设有交换的基准，可以用来和别人交换等值的物品。为此，物品本身所拥有的看不见的“价值”为何，须由参与交易的所有相关人员达成共识来决定。反过来说，如果有个东西能有形地呈现出人们想象中的价值，那么不论是什么东西，都能成为货币。

在中国，自公元前 16 世纪商朝建立起，大众开始使用珍贵的子安贝壳作为物品货币，一直到西周。公元前 8 世纪，青铜制的农具和刀开始代行货币职能。但因为这两样东西携带不便，人们就打造迷你版的农具和刀用作新货币。在替代的过程中，人们渐渐意识到，青铜的价值人所共知，因此可以考虑把它制成更轻巧、更便于携带的形状。

之后逐渐演变出来了金属硬币、纸钞、支票，甚至是比特币。但基于人类共识所形成的“钱”，其本质自古以来并未改变。这种“钱”的发明，大大加深了后来人类社会的复杂性。

前 600 年 前 400 年 前 200 年 元年 2000 年

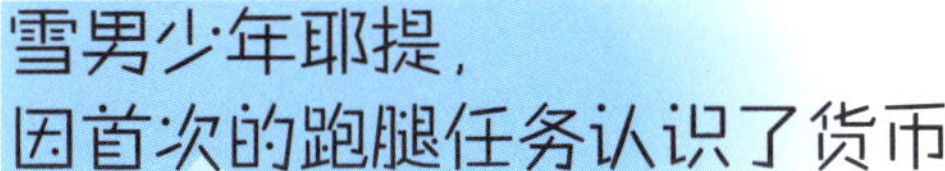

雪男少年耶提，因首次的跑腿任务认识了货币

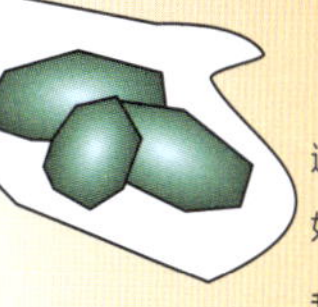

第 1 点

在以物易物的过程中，大家想要的都不一样

第 2 点

以物易物，东西对于想要的人才有价值

第 3 点

每片土地上，都有各自的“钱”

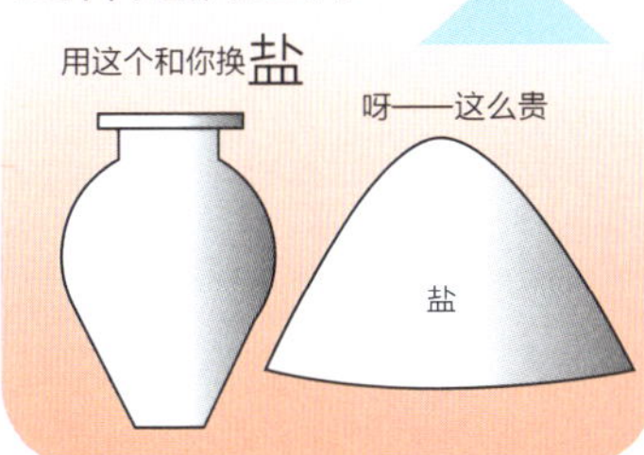

第 4 点

物品之间，有“价格”这种兑换比例

第 5 点

注意不要买太多

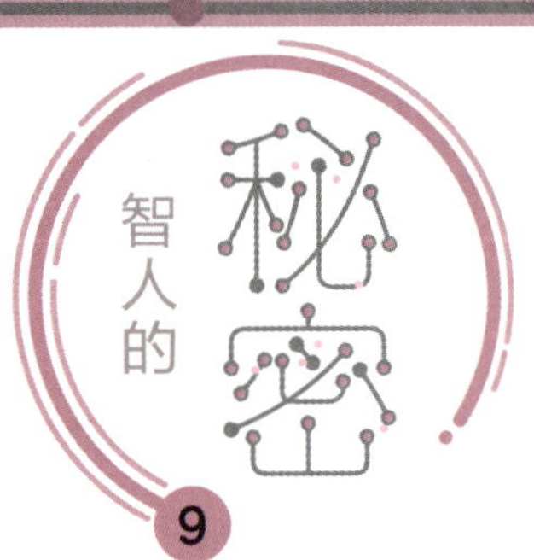

人们在自己的『暴力』避难场所建立了『国家』

想象世界的秩序『国家』

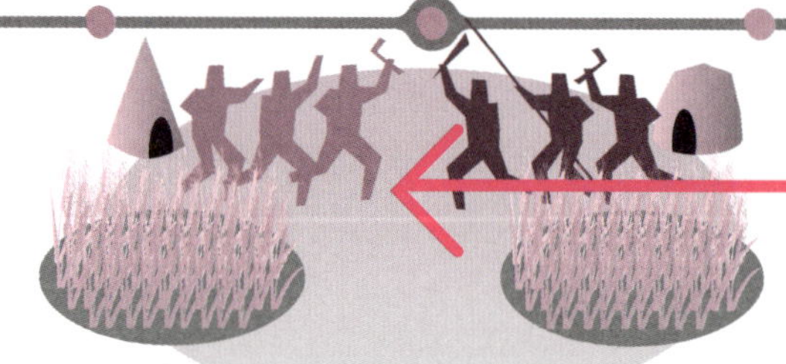

原本是和平的狩猎采集社会，当演变成半定居、农耕社会时，邻近的部族间，战争将越发激烈

五千年前充满暴力？

1991 年，在意大利与奥地利交界处的阿尔卑斯山某山谷中，发现了一具男性干尸。该遗体发现时是被冻结在冰川中的，故称为“冰人”。

调查结果显示，这具冰人遗体，是距今约 5000 年前的新石器时代人类，年龄约在 25—45 岁，死因应是左肩上留下的箭伤。

据推测，他生活的时代应是人类自狩猎采集过渡至农耕生活之际，是激烈的部族战争时代。冰人的出现，支持佐证了这一说法。

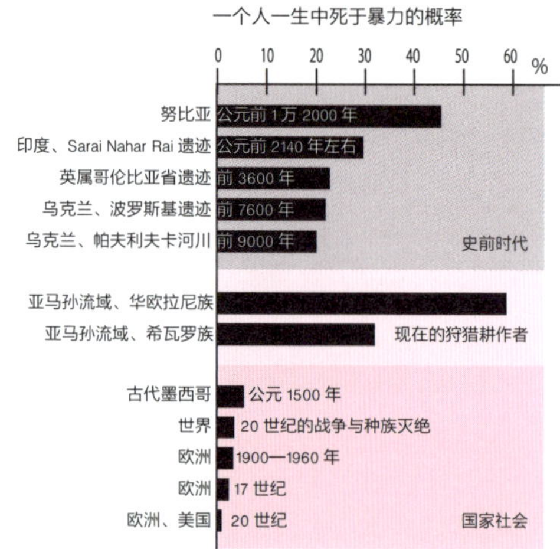

图表参考斯蒂芬·平克所著《人性中的善良天使：暴力为什么会减少》（*The Better Angels of Our Nature: Why violence has declined*）第 2 章“太平盛世的进程”中的图表制作

国家社会出现之后，人类因战争而死亡的人数骤降

学者斯蒂芬·平克将史前时代的遗迹调查及对原住民族的研究成果结集成著作《人性中的善良天使：暴力为什么会减少》，在这部著作中他指出，上述时代是人类最暴力的时代。

平克推算当时地球的人口数，并计算一个人一生中死于暴力的概率。结果惊人：死于部族斗争的概率可高达 60%，就算平均值也有 15%。平克表示，借用霍布斯的话，彼时发生的正是“所有人对所有人的战争”。

托马斯·霍布斯生活在 17 世纪欧洲启蒙主义时代，是主张“性恶论”的政治思想家。他认为暴力是人类与生俱来的自然权利，行使起来缺乏制动。说到人类无法终止战争的理由，这个“霍布斯悖论”，至今仍是被频繁引用的一条。

两个长期处于敌对立场的人，彼此间只有强烈的互不信任。假设这两人为寻求和平，缔结了“互不侵犯条约”，但两人还是无法相信对方，

人类以想象力构思出“国家”来确保众人的安全

参考《国民国家与暴力》(国民国家と暴力，而立书房出版)

常担心对方会采取先发制人的攻击。结果因无法按捺心中的不安，其中一方开始发动攻击。

这无止境的战争世界，让人的精力不断耗损，社会也动荡不安。因此，人们开始去寻求一个超越世俗的权威，对于这一权威，全体人员都能接受，也愿意向其交托自己的暴力行使权。

霍布斯将此类权威的存在即视为理想的政治共同体，并以“利维坦”命名。人民委托“利维坦”来统治自己，也将制裁违法者、行使武力等权力交由国家的暴力机构来执行。霍布斯认为，这样一来人类之间漫无止境的战争将画上句点。

平克也在前述著作中做出结论：自从拥有了国家制度，人类死于暴力的概率骤降至 3%。

当然，此类说法也带来了各种质疑。国家的出现，难道不会催生出新型暴力吗？在冰人不知道的未来，在连霍布斯也未预测到的未来“国家”中，究竟发生了什么？让我们继续往下看吧。

10

想象世界的扩大「帝国」①

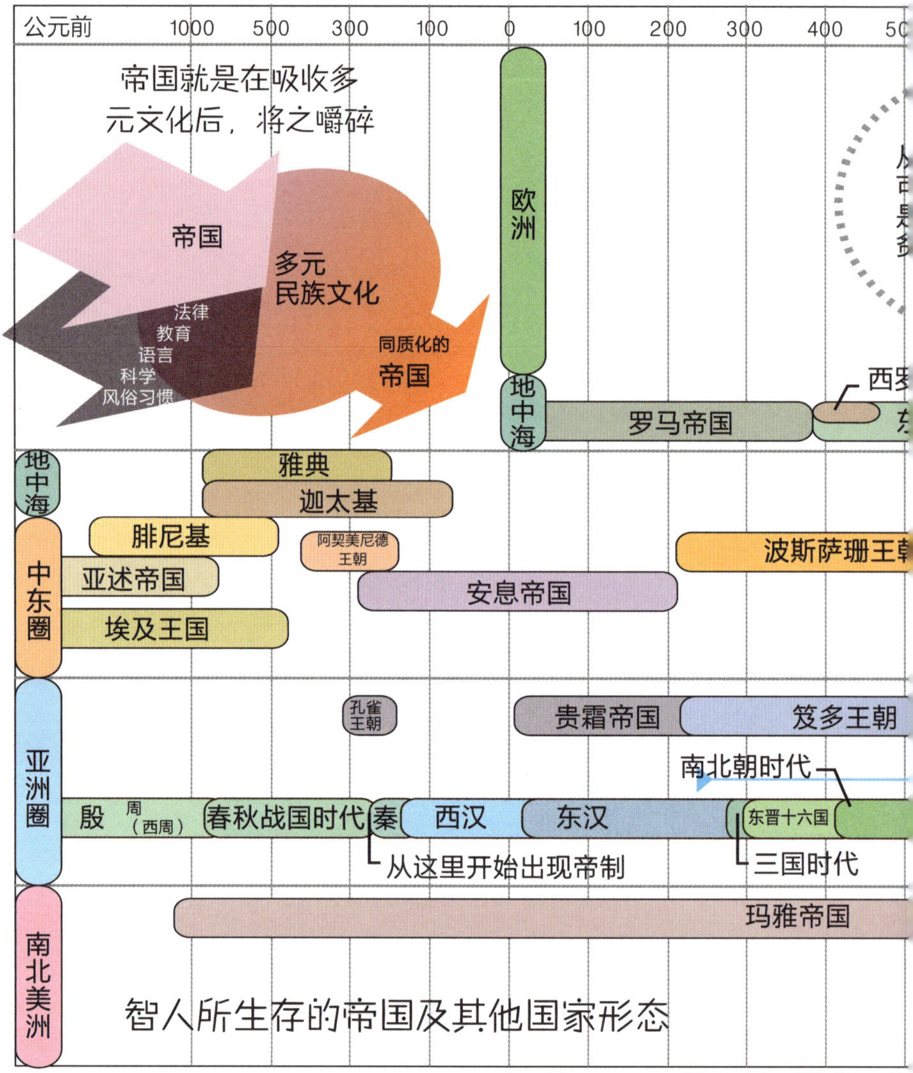

人类与「帝国」一起走过将近三千年发展

公元前 1000 500 300 100 0 100 200 300 400 50

帝国就是在吸收多元文化后，将之嚼碎

帝国
多元民族文化
法律
教育
语言
科学
风俗习惯
同质化的帝国

欧洲
地中海
罗马帝国
西罗

地中海
雅典
迦太基
中东圈
腓尼基
阿契美尼德王朝
亚述帝国
安息帝国
波斯萨珊王朝
埃及王国

亚洲圈
孔雀王朝
贵霜帝国
笈多王朝
南北朝时代
殷
周（西周）
春秋战国时代
秦
西汉
东汉
东晋十六国
从这里开始出现帝制
三国时代

南北美洲
玛雅帝国

智人所生存的帝国及其他国家形态

帝国超越民族与宗教的不同

崛起于美索不达米亚平原北部的亚述，以强大的军事力量为武器不断征服邻近的国家。公元前 7 世纪前半叶，包括美索不达米亚平原与埃及两大文明圈的古老东方实现了统一。这就是人类的第一个帝国——亚述帝国的诞生。

所谓帝国，是指统治多个国家和民族，幅员广袤的大国家。从因民族或宗教而结成的国家，到超越民族与宗教形成的帝国，这正是人类为实现扩张的野心而创造出的全新领土概念。完全征服一个国家，即便居住在那土地上的人民是异民族、异教徒，都加以吸收同化，就像是电子游戏《盗国之战》（国とり合戦），这催生出了许多新帝国。

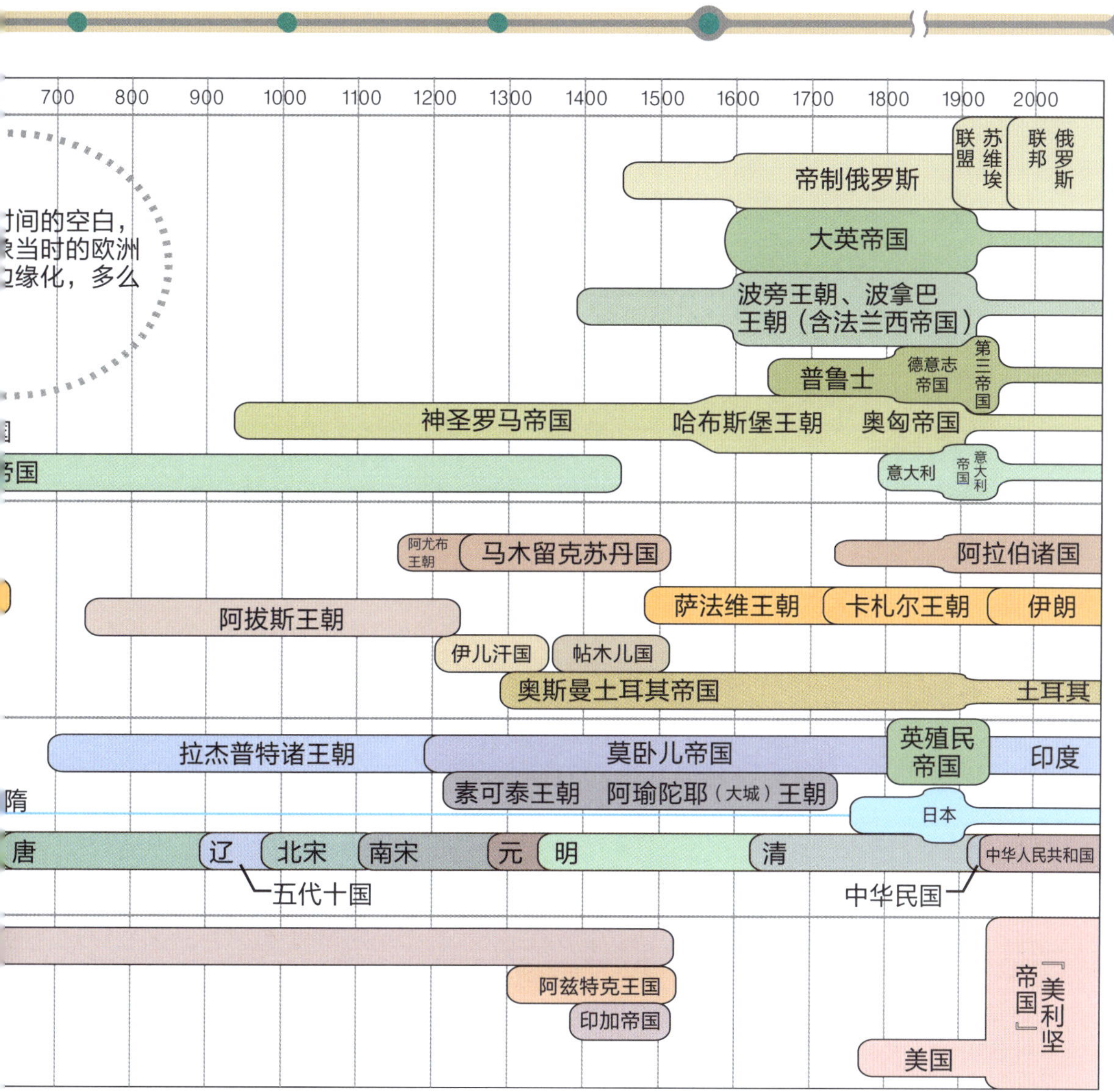

其中，称霸地中海世界的罗马帝国以基督教为国教，大大影响了日后的欧洲世界。另一方面，在中东地区，伊斯兰教从阿拔斯王朝绵延至奥斯曼帝国，主导了一个时代的发展。

15 世纪末开始的地理大发现时代，改变了帝国的势力版图，领土征服，从同一片大陆之内，发展到了横渡海洋。欧洲列强竞相出动，远渡重洋，侵略美洲大陆、亚洲、非洲、澳洲等，不断取得殖民地。特别是大英帝国，巅峰时期甚至发展成拥有史上最辽阔领土的巨型帝国。

第二次世界大战之后，许多殖民地纷纷独立，帝国时代看似结束。然而，即使不再使用帝国之名，一些政权仍有“帝国”的影子：如干涉他国内政甚至派遣军队进驻的美国，或也可被称为“美利坚帝国”。旨在实现欧洲再统一的欧盟，应该也能视为一个结构松散的“帝国”吧。这样看来，人类文明的历史也是一部帝国的历史。

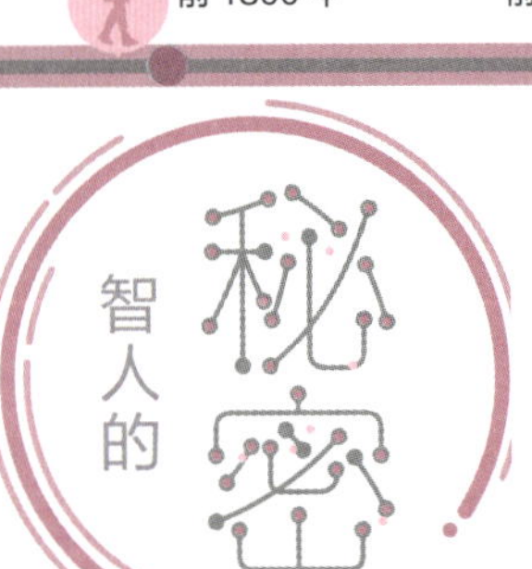

10 想象世界的扩大「帝国」②

「帝国」像台巨型收割机，收割人口后加工成帝国子民

所谓「帝国」这个系统

在人类创建的帝国中，有使其能顺利运行的机制，姑且称之为“帝国系统”吧。帝国系统的核心，就是在前一页看到的国家。现在许多政治学者认为，是人们将自身的暴力行使权委托给国家，国家才因此诞生。

为维持自身的运行，国家具备一定的基本机能。一个是向国民征税。为了成功征税，必须制定详细的规范及针对违反者的惩罚细则，这个规范就是所谓的“法律”。作为使人守法的强制力量，国家拥有警察和军队。这时国家所使用的暴力，就是国民让渡给国家的。

对国家而言，必须要有能有效运营这三大机能的人，这些人就是所谓的“官僚”。

国家就是由这三大机能与官僚组织构成的，它们有时也被称为“国家机器”。国家机器可以比作一辆汽车，不论是谁坐在驾驶座上，只要发动引擎，就能驱动国家。这与政治体制或人格无关：就算美国总统从奥巴马变成特朗普，美国这部国家机器照样会为驾驶人忠实地运行。基本上不论哪一个国家的国家机器都是如此。

到这里，我们已经说明了让国家成立的三大机能与一个组织，但事实上最后还有一个最重要的要素，那就是“国界”。

“国界”与国家相同，都是人类想象力的产物。像现在这样在地图上画出明确的国界线，是从 17 世纪开始的。在那之前，国家统治人民的区域，界定得并不清楚：比如，那前方就是无人边境，在那边境更远处，是异国人居住的土地。

所谓“帝国系统”，可以想象成是在这样的国家机器之上，再加装一个类似收割机的装置，用于收割人口。帝国系统要求成为国民的人不断前进，越过边境，侵略新的社会共同体，并将新收割到的人口再送进国家机器中。被收割的这群人出来后，已经被加工成了帝国的优秀国民。

可以说，罗马帝国就是像这样，不断将散居各地的人口组织起来并纳入国家，最终演变成巨型帝国，疆域扩展至不列颠岛。

在帝国系统所到之处，人们在共同的政治权威治下，说共同的语言，遵守共同的法律，使用共同的货币，有时还要被军队拉去当兵。“帝国子民”由此诞生。

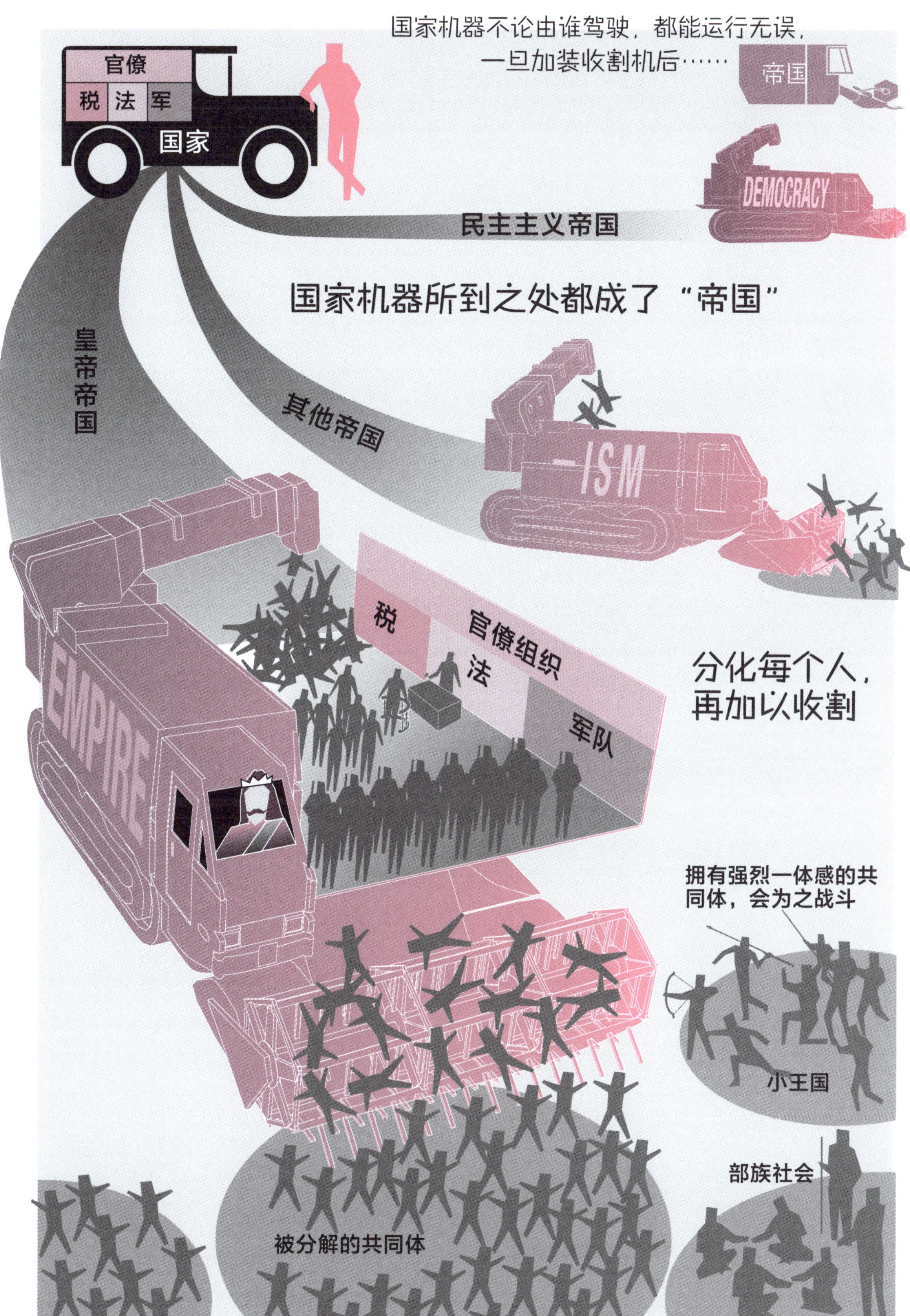
国家机器不论由谁驾驶，都能运行无误，
一旦加装收割机后……
官僚
税 法 军
国家
帝国
DEMOCRACY
民主主义帝国
国家机器所到之处都成了“帝国”
皇帝帝国
其他帝国
-ISM
EMPIRE
税
官僚组织
法
军队
分化每个人，
再加以收割
拥有强烈一体感的共同体，会为之战斗
小王国
部族社会
被分解的共同体

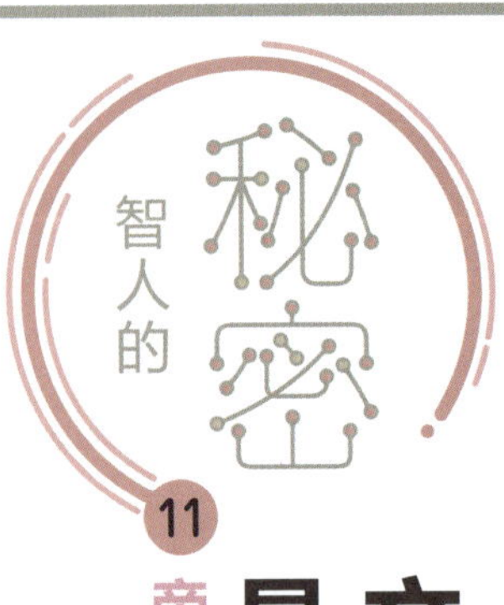

帝国系统的工具「数字」

文字之所以源起于数字，是因为要计算税金？

古代就有的资料管理

获得“语言”能力的人类其实并非只有智人。不能否认，尼安德特人或更早时的人类，有通过语言沟通心意的可能性。但获得“文字”这种信息传递手段的，却只有智人。

农耕社会的税收是实物征收

约公元前 3100 年左右，人类最初的文字之一诞生在美索不达米亚平原上，它出自建立了最古老文明的苏美尔人。促进文字诞生的契机，意外地既非赞美神明或国王，也不是为了记录国家的繁荣盛景，而是为了能更为顺利地处理征税、会计等这些极为典型的实务，因此人们最先想出了“数字”。

苏美尔人通过大规模灌溉与治水，推动了农耕的发展，在国王的统治下建立起城邦。为完善城邦建设并维系其运行，统治阶级开始要求人们提供劳力与实物，这就是“税”的由来。

当时严格意义上的货币尚未出现，所以税收就以农产品等实物缴纳。为管理这些税收，必须数“数”后加以记录。由此设计出来的，就是将“数”符号化了的“数字”。

美索不达米亚平原发掘出不少苏美尔时代的黏土板，上面记录的大多是会计相关的信息。如为大麦小麦称重、清点家畜头数、丈量田地面积、管理粮食储存、掌握交易内容等，方方面面都需要记录。因为必须处理很多数字，开始了农耕生活的人类从此就整天忙于管理庞大的数据。

文字从数字中产生

苏美尔人的数字，和现在我们使用的十进制不同，是六十进制。这套数字由巴比伦人继承，并进一步发展成数学、天文学。1 小时划分为 60 分钟的时间单位、圆周划分为 360 度的角度单位等，都是源于巴比伦数学。

另一方面，用作苏美尔数字的楔形符号，后来就发展成

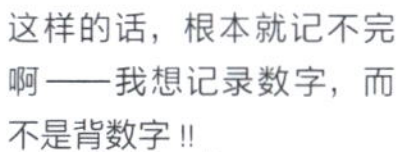

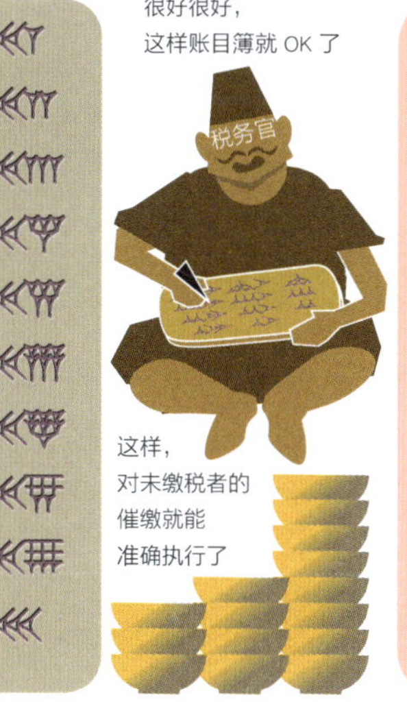

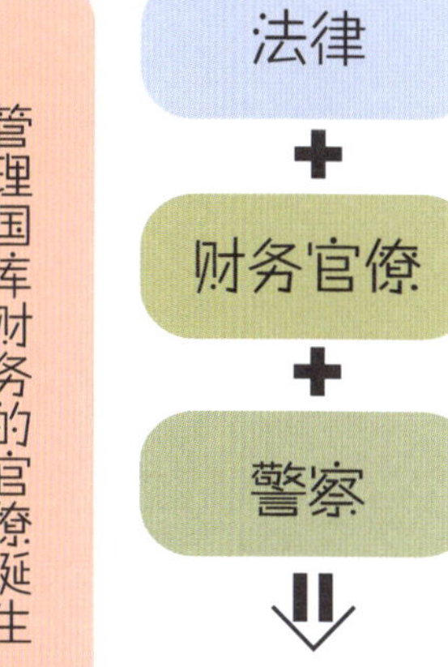

了楔形文字。埃及也从约公元前 3000 年开始使用象形文字写成的“圣书体”。中国则是在殷商时代，从公元前 15 世纪起开始使用最初的汉字甲骨文。这些文字都是在国家发展阶段形成的，既对提高财务工作的效率有所贡献，也促使有关国王和国家的记录更加完备。

在文字出现之前，关于国家的历史与神话故事都是口耳相传，随着文字的发明，人类拥有了超越时间和地域限制的信息传递手段。基于文字，诗文、宗教经典及国家法典等陆续诞生。

古代壁画上的几何符号是文字的起源?

早在文字形成之前，人类或许是用符号来尝试传递信息的。包括法国拉斯科洞窟在内，欧洲各地均有古代的洞窟壁画留存至今。壁画上不仅有栩栩如生的动物形象，还标记着圆形、四角形等几何符号。这些符号，很长一段时间里仅被认为是单纯的装饰。

但加拿大古人类学家热内维耶芙·冯·佩青格调查了欧洲全境的洞窟壁画后发现，所有壁画上都有 32 种共通的符号。不论是哪面壁画，都是在距今 4 万—1 万年前的大冰期完成的。在这长达 3 万年的时间和如此广袤的区域里，人们使用的都是同样的符号。这些符号可能包含着某种意义，用作了传递信息的手段。若是如此，这些符号或许可以说是最古老的文字。

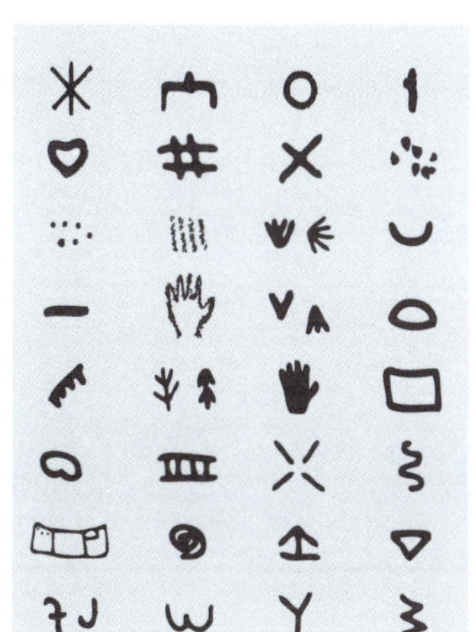

大冰期欧洲的几何符号资料来源：*The First Signs: Unlocking the Mysteries of the World's Oldest Symbols*，by Genevieve von Petzinger，Atria Books。

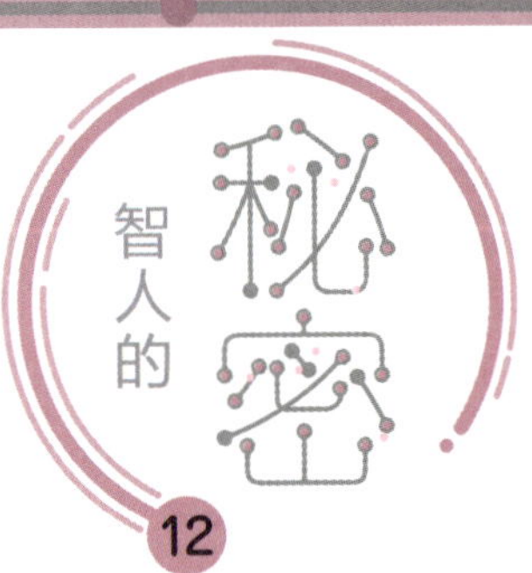

为维护各时代共同体的秩序，人类视法律为必要的存在

帝国系统的工具「法律」

人类最早制定的复仇法

在美索不达米亚平原发明楔形文字的苏美尔人，很快就用这套文字写下了全球最古老的法典，并流传至今。这就是在距今 4000 多年前，由乌尔第三王朝的开创者乌尔纳姆颁布的《乌尔纳姆法典》。

国家开始发展后，国王掌握权力的同时，也就肩负起了保卫国家、维持秩序的重任。为此，他需要“法律”这样的社会规范。该时代颁布的法律，是由国王亲自下令以其名义制定的。继承《乌尔纳姆法典》的《汉谟拉比法典》也是如此，它于公元前 18 世纪由古巴比伦王国的汉谟拉比王制定。

“为使强不凌弱……为使受害之人得伸正义，我以我的金玉良言铭刻于我的石柱上。”

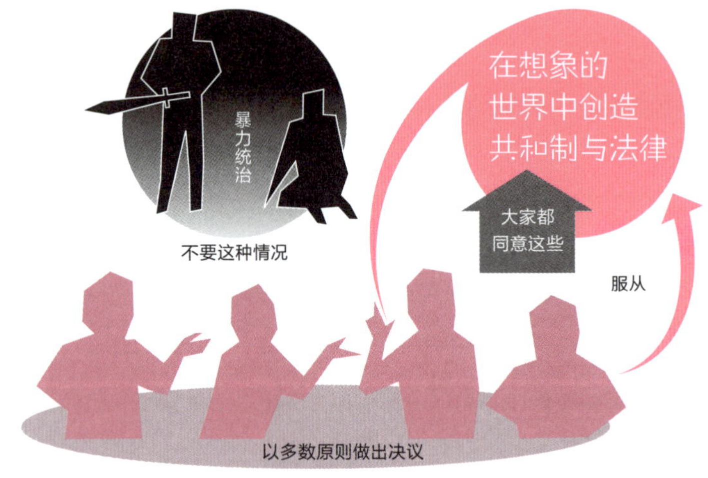

这是国王在法典结语中引以为傲的文字。而当时的“正义”究竟是什么呢？

提到《汉谟拉比法典》，最著名的就是“以眼还眼、以牙还牙”的复仇条文，如“倘自由民击落与之同等之自由民之齿，则应击落其齿”，在现代人看来，这大概是极为野蛮的正义。

但这种“同态复仇”，目的是阻止超过受害程度的报复情况发生。在人若犯我我必反击、互相残杀禁而不绝的时代，这也被视为一种和平的解决方法。

共同体变，法律亦变

公元前 6 世纪，古希腊城邦雅典出现了民主政体。所有公民都站在平等的立场，以多数原则决定大小事务，这一划时代的体制，通过法律确立了起来。虽说如此，“公民”身份仍有限制，仅限成年男子自由民，女性与奴隶被排除在外。因为当时的雅典这个共同体，属于为国家而战的男性们。

而在 9 世纪创立的伊斯兰法中，《汉谟拉比法典》的“同态复仇”在变形后得到了继承。伊斯兰法还进一步细致规定了与日常生活相关的各种禁止事项、礼法等等。伊斯兰教之所以能发展成世界宗教，就是因为不论身处世界何处，信众皆遵从共同的律法，因而深化了共同体之间的羁绊。

综上所述，所谓法律，对其共同体而言就是一种规范，该共同体的成员只要相信其“正确”并加以遵守，就能确保共同体的秩序。因此古今中外，有多少不同的法律，就能形成多少共同体。至今，世界上仍然存在着无数仅适用于特定国家或地区的独树一帜的法律。

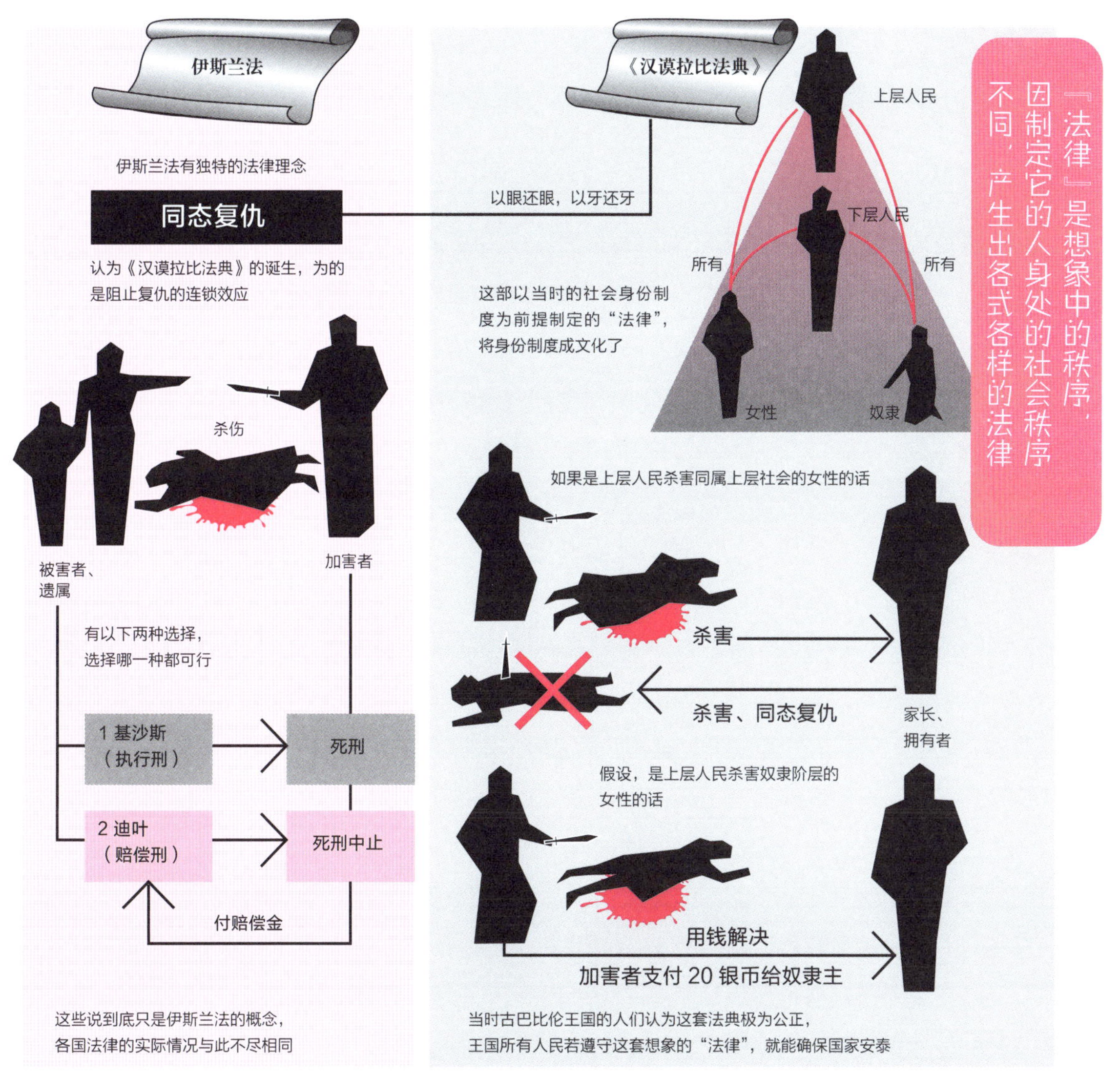

13 帝国系统的工具「硬币」

当金钱的概念成为「硬币」之际，「帝国」的全球经济就开始了

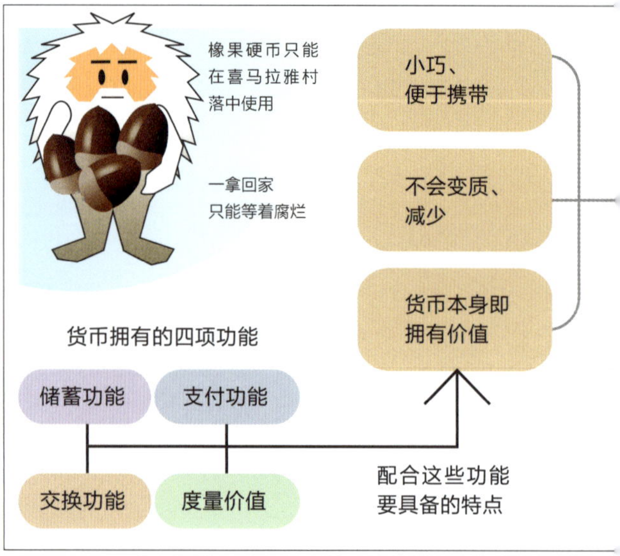

作为交换手段的硬币诞生

当今属于土耳其领土的安那托利亚半岛上，曾存在过名为吕底亚的王国。公元前 7 世纪，全世界最古老的金属货币，即硬币，诞生于这片土地上。

在这之前的古代东方，贵金属作为货币的替代品使用，物品价值以贵金属的重量来计算。吕底亚既是黄金的产地，也是东西方贸易的中转站，因此这里流通着许多贵金属。渐渐地，人们希望有更简便的交易媒介，于是设计出重量一致且成型的金属货币。当时的硬币单面铸有动物徽纹与重量，虽然品质还很粗糙，但可说终于出现了现代硬币的原型。

吕底亚的硬币使用金银合金，称“琥珀金”（电金），其中金含量并无规定。后来，征服吕底亚的波斯阿契美尼德王朝开始制造金币与银币。特别是大流士一世时代制造的货币，纯度相当高，上面铸有象征王权的持弓人物图样。

硬币成为权威的象征

公元前 6 世纪末至前 5 世纪之间，硬币在希腊世界广泛流通。在银产量丰富的希腊，各城邦都能制造银币，并铸上代表各国的图样主题。继而在公元前 4 世纪，亚历山大大帝缔造的帝国进入了希腊化时代，硬币上的图样变成了国王们的肖像。

罗马的硬币也延续此惯例，甚至有了超越其贵金属本身价值的意味。罗马共和时代最伟大的政治家恺撒，就发行了铸有自身肖像的硬币。在硬币上铸刻在世人物的肖像，恺撒货币是首例。罗马帝国时代的皇帝们也有样学样，将刻有皇帝肖像的硬币视为皇帝权威的象征，强迫拥有这样硬币的人认同自身的帝国子民身

货币是这样诞生的

吕底亚琥珀金（公元前7世纪左右）
被认为是最初铸上印记的金属硬币，既是金银合金，又是琥珀色，因此称为琥珀金；在17.2克的合金块上，铸有狮子徽纹及重量

大流士金币（公元前6世纪后半叶）
波斯阿契美尼德王朝第三代国王发行的金币，该金币保护了帝国内部的交易，有助于交易过程顺利进行
©Antikforever.com

古雅典的德拉克马银币
古希腊拥有蕴藏丰富的银矿，硬币以银币为主，主要用于活跃的海上贸易的结算，此外贫穷的一般公民的薪资也以银币支付

罗马时代的货币，是历代皇帝权威的象征

恺撒（公元前100—前44年）
罗马共和时代的政治家，为后世传颂，也以作家身份留下许多名篇；恺撒过世后，仍有数种硬币上铸有他的头像

尼禄（54—68年在位）
给后世留下暴君之名的皇帝尼禄，在硬币上可见其侧脸

卡拉卡拉帝
（198—217年在位）
因在罗马城建造大浴场而闻名的皇帝

狄奥多西（379—395年在位）
罗马帝国分裂为东西罗马帝国之前的最后一任皇帝，他过世后罗马帝国再未成功统一

瓦伦提尼安一世（364—375年在位）
在位期间曾遭遇史上最强外敌的威胁，是一位愿意给公民信仰自由的皇帝

奥勒留（270—275年在位）
因收复罗马帝国的三块失地、实现了罗马的再统一而闻名的皇帝，曾推动提高硬币品质的改革

瓦伦提尼安三世
（424—455年在位）
西罗马帝国皇帝，在位期间数度发生战乱，帝国的危机因而加剧

帝国时代金银币百花齐放

参考《图说金币的历史全书》（由东洋书林出版）

份。《新约》屡屡提到硬币，可见在耶稣基督生活的罗马治下，硬币已被一般平民广泛使用。

罗马帝国制造了大量硬币，筹措到足够的战争经费用以征服邻近各国，进而掠夺他国的贵金属，且进一步借由贸易让财富往帝国集中。掌握强势货币的国家，往往就能执世界之牛耳。可见全球经济在2000年前即已开始。

江户时代的全球经济货币

日本进入明治时代前，经受了全球经济洗礼的硬币即已出现，这就是名为“墨西哥银圆”（鹰洋）的银币。鹰洋是以墨西哥银山盛产的银铸造的8里亚尔银币，是当时的全球贸易通用货币。日本当时金价与外国落差较大，遂用大量一两金币交换之，结果陷入通货膨胀。

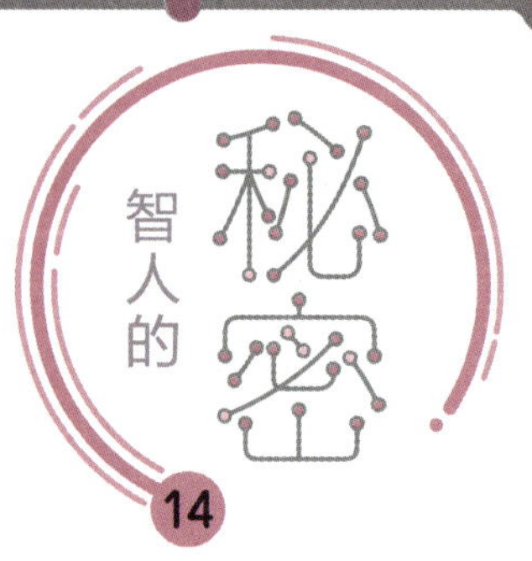

14 欧洲世界扩张的武器「信用创造」①

当货币经济扩大至欧洲范围，人类创造了名为『信用』的钱

自古就有的金融系统

货币经济在欧洲世界普及，是 14 世纪以后的事。之后欧洲经济快速成长，筑起了今日金融系统的基础。不过，人类在很久以前就对金融系统的关窍有所了解。

在公元前 2000 年左右的古巴比伦王国，人们会在神殿借贷谷物种子、家畜等。只要出租一头羊，生下小羊之后，羊的数量就会增加。贷出谷物种子，收获期就会以作物的形式得到回报。贷出实物并获得回报，这种行为早在货币出现的很久以前，就已经在进行了。

在古埃及，谷物作为物品货币，拥有相当大的力量。因此谷仓扮演着如同现今银行的角色，不仅负责保管谷物，也担负着汇兑结算的功能。当时的埃及，已将各地库存状况网络化，不用再带着谷物移动，也能完成相隔很远的异地交易。若以现代来比方，就是在东京入账后，在全国各地都能提款的意思。这就是全世界第一个由国家管理创造的信用交易案例。

不久后，各国都发行了货币，至此，个人金融业者方始出现。公元前 5 世纪左右，在曾为希腊中心的雅典，为方便外邦商人做生意，货币兑换商大大活跃起来。很快他们拓展了业务范围，可将贵重物品寄放于金库保管，或是以年息 12% 放贷。此前，种种业务原本是在长桌上进行，古罗马的货币兑换商也注意到该套模式并加以继承。拉丁语、意大利语里表示“长桌”意思的词是 bancu、banco，据说就这样也成了当今英语“银行”（bank）的词源。

金匠的炼金术

时代前进到 17 世纪的英国，富商们开始囤积金子，为安全起见，特地将金子寄放在金匠（他们加工各种贵金属）那坚若磐石的金库中。当初这些金匠仅是发放金子寄存证明，并从中赚取保管费，但不久他们发现，经常有一定量的金子不被客户取走，一直沉睡在金库中。于是他们做起了借贷业务，且不动用真正的金子，只是发放“金匠票据”就能获得利息。

也就是说，这些金匠是以人们寄放的金块为准备金，贷出虚拟的钱给他人，并从中大赚一笔。这套模式之所以能成功运作，在于人们相信这张“金匠票据”，甚至将之作为了支付手段。这就是“信用创造”的开始。可以说，欧洲人是在这时候发现了“下金蛋的鸡”。

1000 年　1200 年　1400 年　1600 年　智人　1800 年　2000 年　我们　现在

镇上金匠创造出想象中的“信用即金钱”的故事

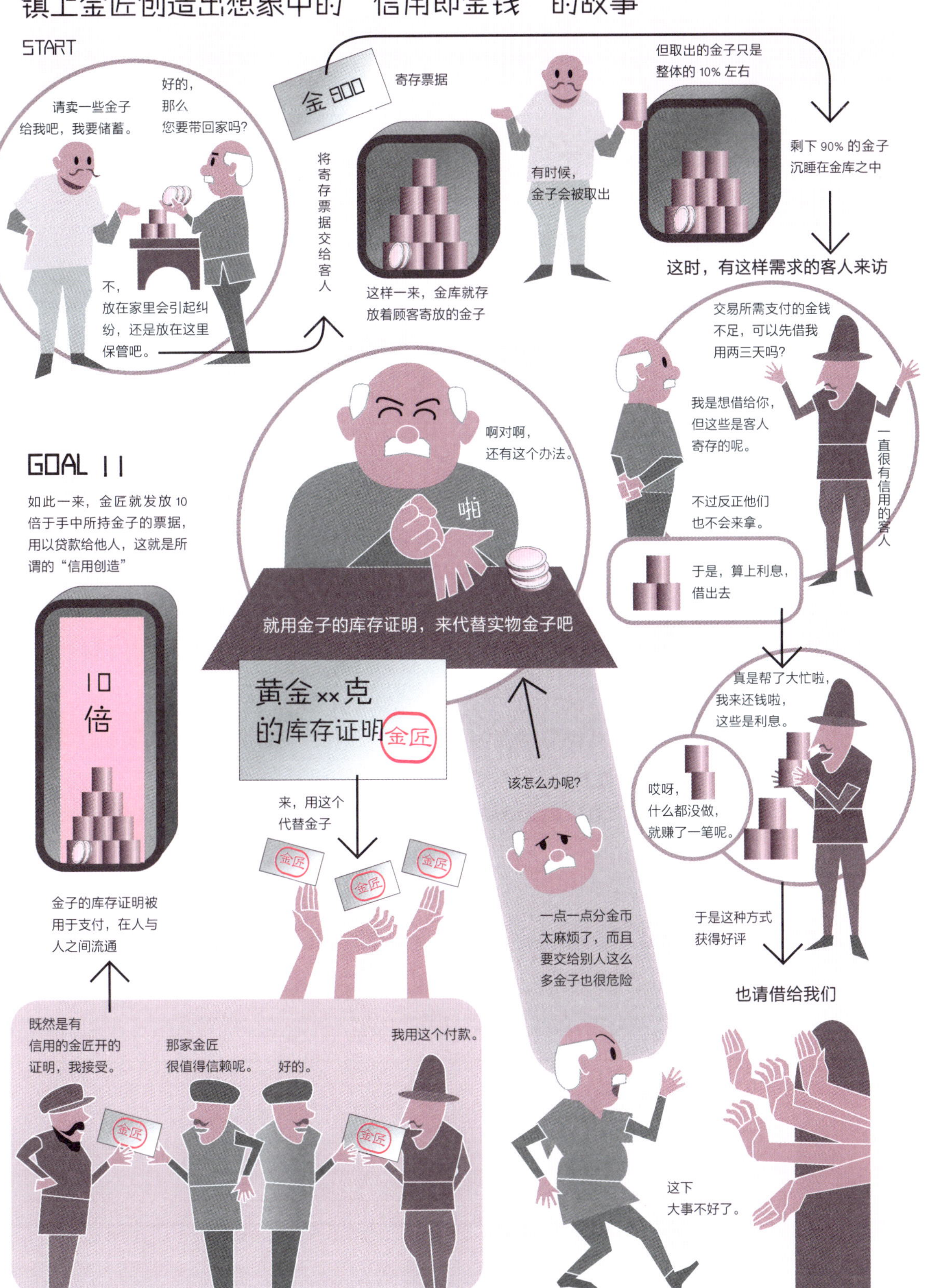

14

从「无」中筹钱，欧洲建立了银行

欧洲世界扩张的武器「信用创造」②

就是日后世人所称的银行家

国家与银行合谋扩大财富

金匠们创立的“信用创造”制度，催生了我们现在熟知的近代银行。率先使用这一制度的是今天瑞典中央银行的前身，斯德哥尔摩银行。这家银行让金匠票据自由发展，并于 1661 年首度在欧洲发行国家认可的纸币（银行券）。

现在我们认为使用纸币是理所当然的事，但其实纸币本身并不具有金币银币那样的价值，充其量只是一张纸而已，但因有国家担保其价值并让大众相信其价值，于是也就成了货币。这种“信用纸币”一问世，就取代了既笨重、体积又大的硬币。

1694 年，以援助英国政府财政为目的，英格兰银行在伦敦成立。当时的欧洲处在绝对王政的时代，时常烽火连天。为筹措庞大的军费，各国无不为资金来源想尽办法，焦头烂额。

英格兰银行除了供应纸币，也扛起了国家备战所需的国债发行责任，以此支持国家。所谓国债，是指国家为向民间筹措资金而发行的债券。简单来说，它就是国家的借款，单凭“国家信用”这四个字就可筹到款项。国家知道将来要还债，于是征税，从中凑得利息，连本带利还给出资者。国家与银行上下一心，不断进行如同魔法般的“信用创造”。

在中世纪到来前一直处于世界边缘地位、发展落后的欧洲，凭借信用这件武器扩大了自身财富，并将大大改变之后的全球经济样貌。

让金钱无中生有的方法

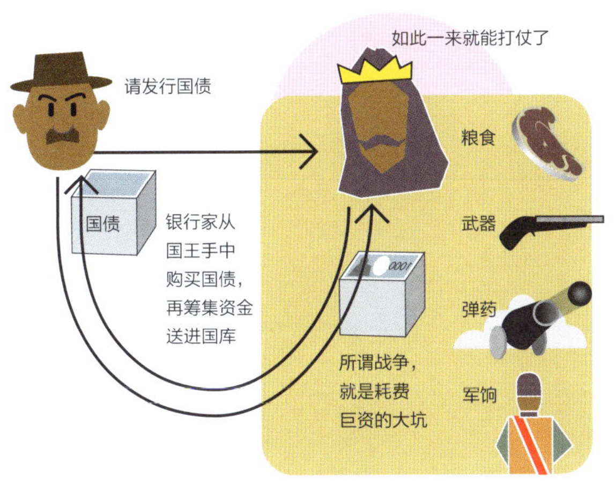

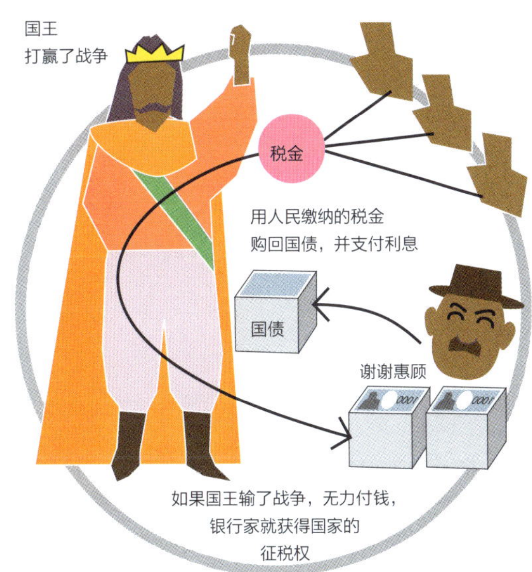

而这项功能就这样原封不动地进入了现在的银行

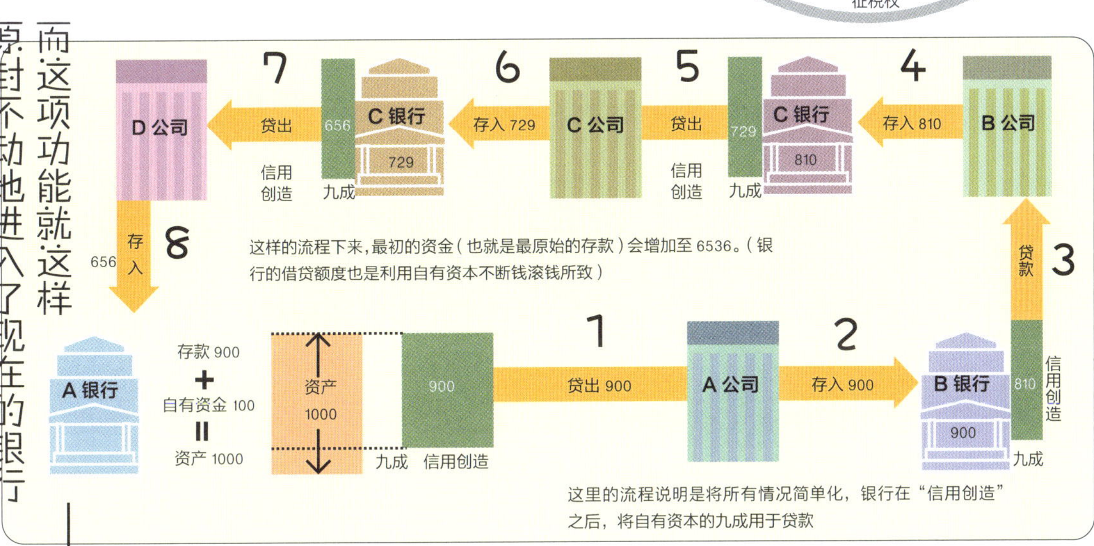

这种循环若无限次地持续下去，信用创造将会无限增长

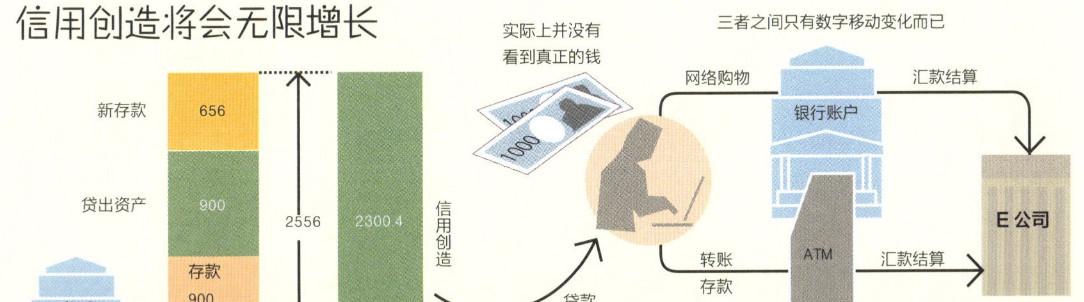

欧洲世界扩张的武器『信用创造』③

资本主义是不断扩大又持续滚动的金钱车轮

经营者与投资者联手

假设现在有一位棉布加工匠，就是那种英国各地随处可见的工匠师傅。他取得印度产的棉花，手工将棉花搓成棉线，再亲手织成棉布。虽然事业规模很小，但相当踏实稳健。

然而一场时代大风暴即将影响他的工作，那就是工业革命。据说一台纺织设备，只要使用蒸汽机，就能在非常短的时间内生产出比之前多上几十倍的棉线。虽然这位师傅也很想要蒸汽动力的纺织机，但实在太昂贵了。

这时有投资家出面告诉师傅，他会出资制造全新的纺织机并盖工厂，获得的利润由他们两人平分。师傅和投资家签约，开始盖工厂。工厂运营得很顺利，获利不断成长，投资家也获得分红。就在这时投资家又向师傅提议："如果直接从印度采购棉花原料获利一定更高，要不要试试看？我来出资哦。"

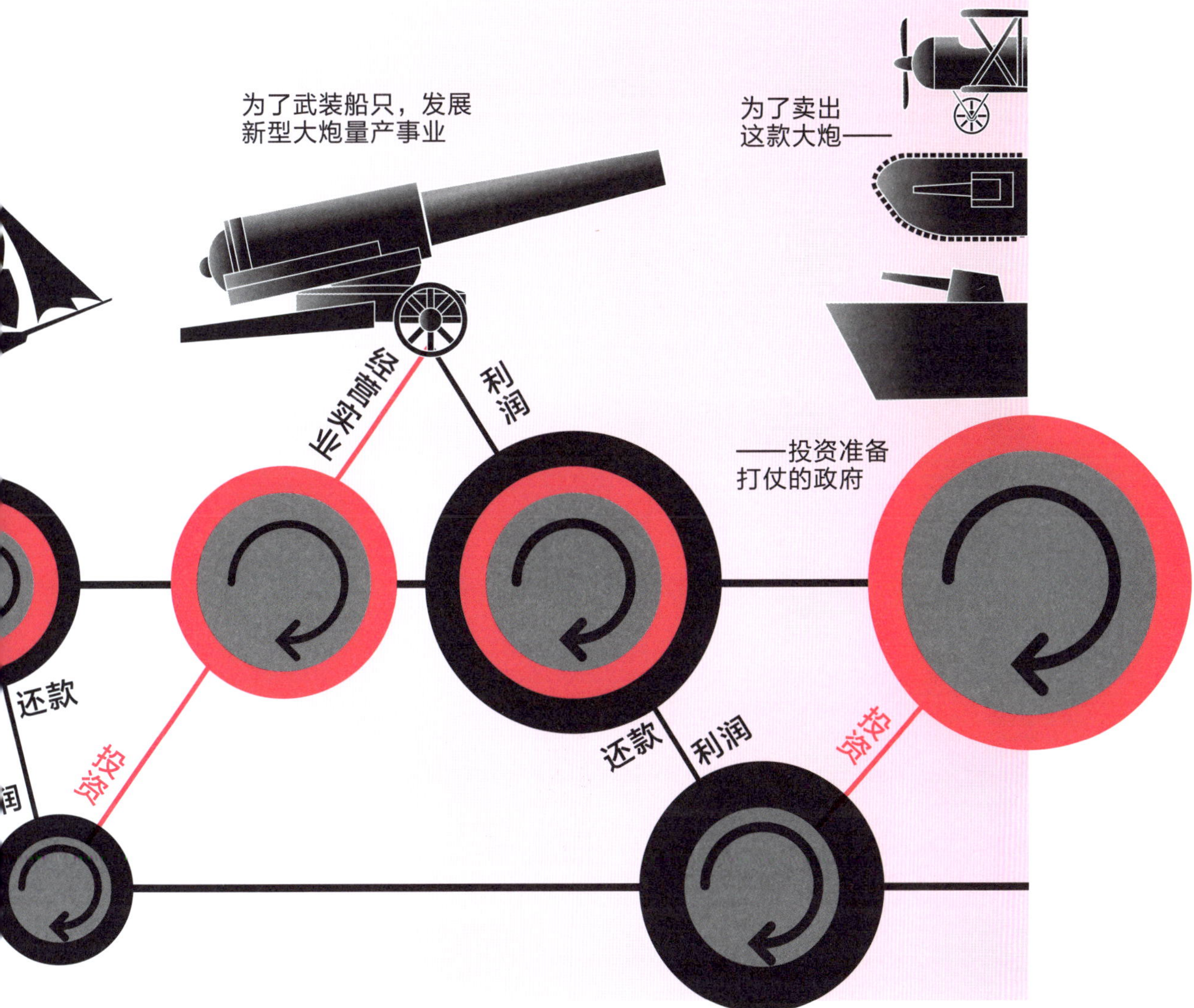

师傅已经不再是棉布加工匠了，他拿投资家给的资金雇来商船，做起了印度方面的贸易。于是，一位卓越的产业资本家就这样诞生了。师傅开始明白，印度贸易能为他带来庞大的财富，而且除了棉花，如果再进口香料、茶叶等，他将获得莫大的利润。这笔获利可用于扩大棉布工厂的规模。

正巧投资家再度前来。投资家表示："托您的福，我们的资产规模越来越大，应该可以再做更大的事业。一起发展大西洋的三角贸易事业吧！虽然有风险，但利润丰厚哦！运送黑人奴隶尤其赚钱呢！"

听了投资家的这番话，师傅感到有点不放心：要是黑人在渡海的过程中死掉怎么办？投资家回答："只要投保就没问题。"

就这样，两人从一开始的小资本，一路滚成现在巨额资本的车轮。这样的车轮若不继续扩大，可能就会停止下来。那么这两个人究竟要何去何从呢？

欧洲世界扩张的武器「资金」

地理大发现时代，推动船只向西航行的其实是风险资金?!

德雷克在大西洋上大肆劫掠
奥斯曼帝国
中国明清
莫卧儿帝国
哥伦布
麦哲伦环球航行路线
达伽马
恩里克王子
弗朗西斯科 · 皮萨罗

东方帝国丰饶富庶，无须远涉重洋

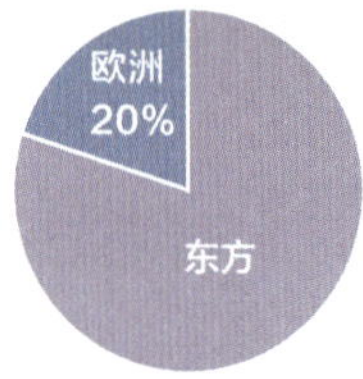

有说法认为在当时的世界经济规模中，欧洲约占 20%，东方则处在绝对领先的富裕时代

奥斯曼帝国
苏莱曼一世
16 世纪迎来国力巅峰期，在科学、经济等方面都是世界最顶尖的国家

莫卧儿帝国
奥朗则布
莫卧儿帝国第六任皇帝，统治期间为帝国最为繁荣、领土最辽阔的时期

中国清朝
乾隆皇帝
18 世纪是清朝的国力和版图的巅峰期

为高风险事业出航

当时还是个航海探索的黎明期，没有一艘适合远洋航行的大型帆船，也没有任何一张精确的航海图。地理大发现时代即将降临，为了航向未知海洋，除去船长的勇气，也需要另一位冒险家的决断力。那就是，为了能让一趟连平安归来都无法保证的高风险航海得以成行，需要有果断的赞助者愿意提供巨额资金。

例如，哥伦布的赞助者就是西班牙的伊莎贝拉女王。但众所周知，哥伦布花了八年时间才说服女王出资。因为隐藏在伊莎贝拉女王背后的真正的资金提供者，是热那亚商人。伊莎贝拉女王因为热那亚商人的意见，拒绝了哥伦布的第一次提案。

与西班牙一样，葡萄牙也是地理大发现的先行者，并且也得益于热那亚商人的资金，迅速握住了非洲航路。作为意大利的城邦，热那亚曾因贸易而长期繁荣，却在 1380 年被威尼斯战败，失去了地中海的权益。于是，热那亚将伊比利亚半岛上

1000 年　1200 年　1400 年　智人　1600 年　1800 年　2000 年　我们　现在

帝国 → 新的领土与财富

葡萄牙 1434 恩里克王子

西非航路的开拓，1487 年巴托洛缪·迪亚士出航

葡萄牙开始布局西非，最初从甘蔗种植与奴隶贸易开始，之后绕过好望角，航向印度洋

冒险家航海家 → 新发现带来的名誉与财富

西班牙 1492—1502 哥伦布

发现新大陆与西印度群岛

四次航海的成果
①发现西印度群岛与金矿
②目标是“黄金国”日本
③抵达委内瑞拉
④探寻香料群岛失败

西班牙大航海时代的开端；虽是以印度及“黄金国”日本为目标，但横渡大西洋后却发现了新大陆；为寻找黄金，哥伦布曾在加勒比海虐杀当地人；他发现的所谓“金山”引得西班牙移民大量杀来

葡萄牙 1497 瓦斯科·达伽马

开拓印度航路

仅 120 吨的小型帆船，在穆斯林的协助下绕过好望角抵达印度，船队所载货物粗糙，不受当地欢迎，但载回的香料却让其获得了 60 倍的利润

资本家 → 新的市场与财富

西班牙 1519 麦哲伦

麦哲伦为寻找香料群岛出航，在菲律宾马克坦岛很遗憾地战死，其船队成功航行世界一周

船队留下麦哲伦的遗体继续航行，3 年后回到西班牙，航行最初的 280 人中仅有 18 人生还

西班牙 1524 弗朗西斯科·皮萨罗

三次远航，探索印加帝国，结果是印加帝国灭亡

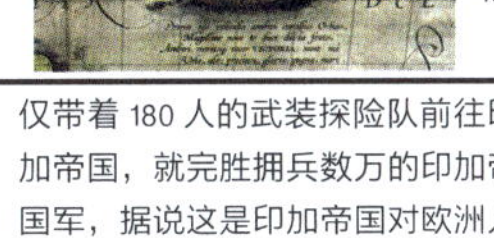

仅带着 180 人的武装探险队前往印加帝国，就完胜拥兵数万的印加帝国军，据说这是印加帝国对欧洲人一无所知因而毫无戒备的结果

科学家 → 新世界的知识与财富

英国 1577 弗朗西斯·德雷克

在航海方面一度落后的英国，初期的航海是对葡萄牙与西班牙的商船实施海盗行为，德雷克就是因为这方面的功绩获得了伊丽莎白女王授予的“骑士”封号

英国 1768 库克船长

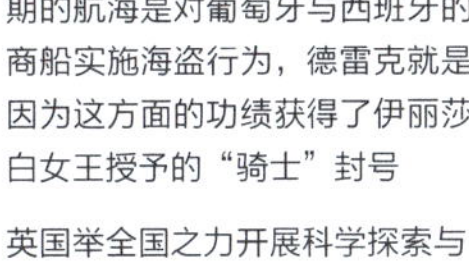

英国举全国之力开展科学探索与航海探险，库克三次率领船队出航，也有很多科学家乘船前往澳洲等地进行自然生态调查

发明家 → 新的航海技术与财富

英国人发明了航海钟

此前的航海技术，是通过观测天体确定纬度，但无法测定经度，因此需要一款能记录基准出发地准确时间的精密计时器（另可借月亮的天空相对位置获悉所在地时间，凭两时间之差即可推得所在地经度）；拜航海钟所赐，英国的航海技术出现了突破性的进展

的王国视为活路。通过对葡萄牙和西班牙的王室进行金融与财政支援，热那亚商人开始拥有足以左右王室的巨大影响力。

有了热那亚商人以资金支援恩里克王子、哥伦布等人的事业，地理大发现时代终于开启。拿现代说法来说，他们的投资就像是为有前途的新兴事业提供初期资金支持的风险投资。幸运的是，这种如此冒险的投资事业，因各式各样的地理发现与全新贸易市场的开拓，终于有了回报。地理大发现时代，正是由这群充满野心的冒险家、投资家及王室组成的同盟推动的。

在这个时代，他们视为目标的东方世界有三个大帝国，即奥斯曼帝国、印度的莫卧儿帝国及中国的清朝，正巧都迎来了全盛时期。这些帝国不需要向他国寻求财富，也不认为必须出航寻找新世界。立场的不同，是招致日后欧洲与东方世界的富庶程度产生逆转的最初原因，这应该可以说是历史的讽刺吧。

欧洲世界扩张的武器「公司」

「法人」这一虚拟人格，给予了投资家相当大的自由

法人诞生在金融发达的荷兰

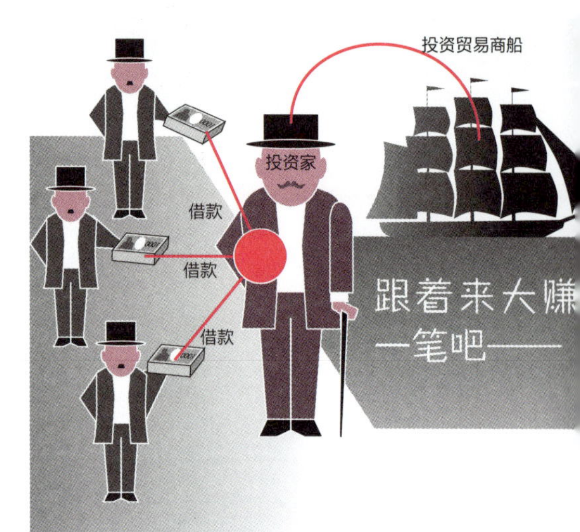

世界第一家股份公司是成立于1602年的荷兰东印度公司。当时的荷兰在国力下滑的葡萄牙、西班牙与尚且虚弱的英国之间卡位，一跃成为亚洲贸易舞台的主角。

此外，最大的贸易港口阿姆斯特丹，聚集了众多为躲避欧洲战火的富裕新教徒，于是这里的商业活动开展得如火如荼。在这样的情势下，荷兰出现了第一家具备“法人”身份的股份公司。

“法人”的概念源自与亚洲贸易相关的经济界人士，在他们的殷切期盼下，这一概念被提了出来。根据以往经验，一旦他们投资的贸易商船在航海过程中沉没，导致事业失败，他们本人就难逃破产的厄运。据说在当时，每五艘商船就有一艘无法成功返航。

如何减少亚洲贸易的高风险，经营能够安心投资的事业？为满足这样的热望，“法人”应运而生。

“法人”是指在人类所构思的法律世界中，如同人类一般拥有人格、能进行各项行为的组织。这个人格，可以向外界募资、开创事业并雇用员工劳动，以此获取利润，而利润则可以切实地分配给投资者。如此，就算发生沉船事故，破产的也只有“法人”。对于真实存在的投资者而言，失去的仅是自己出资的部分，不会再被追究更多的责任。这样就让人比较安心了。

荷兰东印度公司就是在这样的法律基础之上成立的。该公司成立时，总共募集了54万英镑作为资本金，并从76名主要出资者中选出17人出任董事，由这些董事组成的董事会决定公司的方针。此外，还有买卖公司股票的交易所，资本市场也就有了流动性。对于投资家而言，荷兰东印度公司已经具备了现代股份公司的功能。

荷兰东印度公司就这样成了日后两百年间荷兰经济发展的重要支柱。

如果是这样的话，实在太可怕了，无法投资啊

投资风险由本人单独承担，实在太强人所难了，有没有什么办法呢？

虚拟一个当事人出来怎么样？

这个法人能像本人一样从事各种活动

赚到钱

结算 投资 签约 募资

有时会
失败

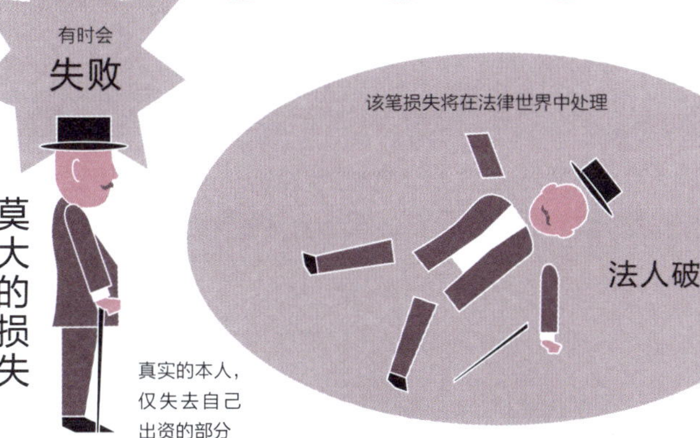

莫大的损失

真实的本人，仅失去自己出资的部分

如果是这样的股份公司，就安心了！！

将能证明出资的“股票”交给出资者 → 就是这个 → 法人·股份公司 → 买卖股票的场所 → 股票市场

智人的秘密

17 欧洲世界扩张的武器「掠夺」①

贪婪、疾病与机关枪，蹂躏美洲与非洲

来自欧洲的恶魔们

西班牙士兵以压倒性的武装力量，消灭了印加与阿兹特克的文明

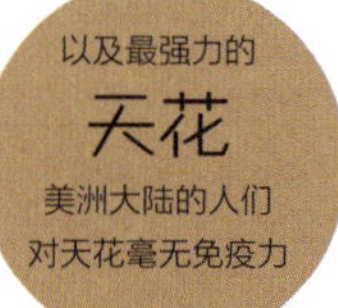

英国研发全自动马克沁机关枪

英国等欧洲各国的派遣军，以最新式的机关枪压制非洲大陆

不论是南、北美洲大陆，还是非洲大陆，欧洲人都是但凭己意去登陆探险而后征服的。对于被征服者而言，这些人随兴而至，带来的却是难以用言语形容的悲剧。

对新大陆人而言，最大的敌人就是欧洲人带来的传染病。向来与欧洲世界隔绝的新大陆人，并不具备抵抗这些传染病的免疫力。

对于横渡大西洋而来的西班牙人，印加人中流传着：“他们很脏，闻到那股臭味就会死。”事实上，随着西班牙人的登陆，疫病开始蔓延，当地人纷纷死亡。而就在这片混乱中，以铁甲铁剑为武装的欧洲骑兵还在四处屠戮当地人民，前者仅数百名兵力，就打败了后者兵力上万的军队。

欧洲人征服非洲大陆也是同样的情况，当地人是被超乎预想的敌人打败的。这时的敌人不是疾病，而是机关枪一类的钢铁武器。在 1 分钟就能发射 600 发子弹的武器面前，手持棍棒标枪的勇士宛如木偶。罗得西亚（津巴布韦旧称）为阻止英军入侵集结了 6000 名恩德贝勒族战士，结果他们全部倒在了仅仅 4 挺机关枪之下。

在英国于非洲大陆展开的最大规模战争“布尔战争”中，机关枪也是重要武力。英国人在日后成为南非联邦的土地上发现了钻石与黄金的矿山，为占为己有发动了这场战争。其实，荷兰移民早已在此地开垦生活，并成立了自治国家。英国人为驱逐荷兰人，派遣了 45 万人的军队，带着机关枪前往当地。结果，南非联邦成立，并长期冠有“种族歧视”的大名。

阿兹特克帝国

玛雅文明

美洲大陆

印加帝国

埃尔南·科尔特斯
实施种种暴行，于 1521 年灭亡阿兹特克帝国

随着西班牙人登陆，阿兹特克帝国首都天花蔓延，许多政府高官身亡。科尔特斯率领的军队轻松击败阿兹特克军队

佩德罗·德·阿尔瓦拉多
1524 年，灭亡玛雅诸邦。他的凶残常为后世提起

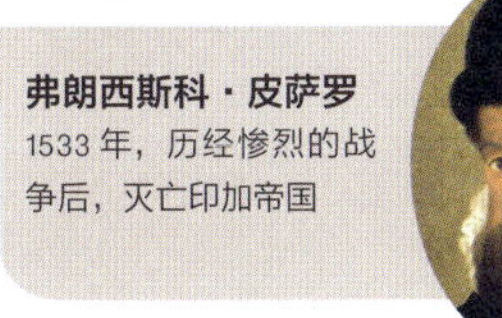

骑兵及装备大炮的大部队登陆，入侵高地，在残酷的战斗后，控制了玛雅国土

弗朗西斯科·皮萨罗
1533 年，历经惨烈的战争后，灭亡印加帝国

设计陷害友善的印加皇帝，在夺取巨额赎金后将其杀害，并灭亡印加帝国，还将天花传染给印加民众，夺走了众多当地人的性命

以波托西银山的银铸造的卡洛斯三世肖像银币

波托西银山

印加帝国灭亡之后的 1545 年，殖民者在安第斯高原发现银矿，多达 6 万名的印第安人被强制劳动，产出大量的银，这些银被送往西班牙的塞维利亚，丰富王室财源，造就了西班牙王国的全盛时期

非洲大陆

比利时属地刚果

这块土地给你

比利时王室自英国手中抢得“黑金”（天然橡胶）

1878 年，英国探险家亨利·斯坦利将其在非洲探险时发现的刚果河流域让给了他的赞助者：比利时国王利奥波德二世

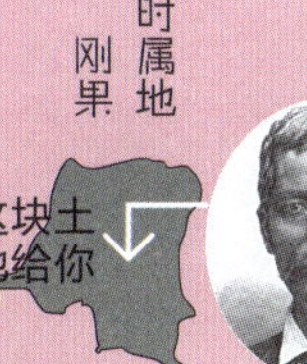

亨利·斯坦利

利奥波德二世

该地区有许多出产天然橡胶的橡胶林，比利时国王驱使当地人从事强制劳动，采集橡胶树液，由于统治过于严酷，据称多达 1000 万人丧命；英国人也曾帮当地种植橡胶树

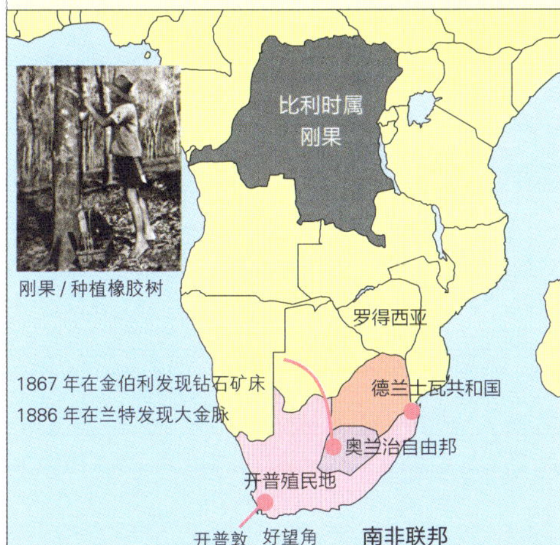

刚果 / 种植橡胶树

为争夺南非金矿资源，英国发动布尔战争

布尔人是什么人？
17 世纪，荷兰人来到南非建立殖民地，这时进驻开垦的荷兰人的子孙，被称为“布尔人”（农民），他们在 19 世纪建立了德兰士瓦共和国与奥兰治自由邦

武装抵抗侵略的布尔人游击队

塞西尔·罗得斯登场
由于布尔人的土地被发现蕴藏钻石、金矿，英国人为夺取这些资源而入侵该地；塞西尔·罗得斯自金矿矿脉的矿坑劳工起家，最后成为拥有南非矿山所有权的资本家，正是他策划了英国对布尔人国家的侵略

布尔战争
由罗得斯策划，从罗得西亚发起侵略，作战失败，但英国并未放弃，1899 年与奥兰治自由邦缔结同盟，侵略德兰士瓦；英国苦于应付布尔人游击队，先后投入 45 万兵力，终于在 1902 年取得惨胜，此后以英国资本为核心的七大矿业集团成为支配全球贵金属市场的关键力量

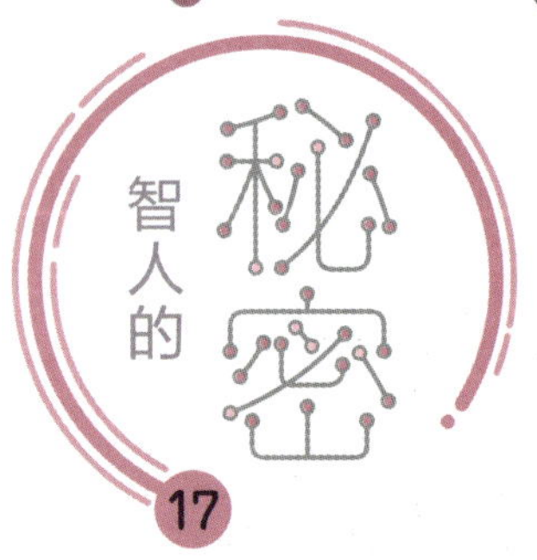

17 欧洲世界扩张的武器『掠夺』②

奴隶贸易这种高收益事业，是贪婪的人们支撑起来的

一名奴隶价值多少

右侧的照片是奴隶贸易船内部的模型。下层甲板上像货物一般排列着黑人。据记录，当时奴隶船的吨位约为 100 吨，据说最多可塞下 400 人。上层甲板则是因传染病导致体力衰弱而被隔离的人。他们将被丢进海中。

黑人奴隶在非洲西海岸被抓后，就被塞进这样的奴隶船，运往南、北美洲，转卖给种植园。奴隶的身价会因时代不同而有变动，平均而言，成人男子一人约 30 英镑。假设运送 400 人，运送期间的消耗率（病死或自杀）以 15% 计算的话，收入就得减去 1800 英镑。根据某份记录显示，奴隶贸易的获利率可达 56%。如此一来，一趟航程的毛利约 5712 英镑。将当时的英镑换算成现在的日元，粗估是 7 万日元，即单趟奴隶贸易运输就可赚进 4 亿日元（约 2500 万人民币），可说是暴利事业。

但一趟航程不只如此。右侧地图为航行路线图，即历史课上所谓的“三角贸易”。奴隶船在美国出售奴隶后，从当地收购糖、香料、烟草等货品运回欧洲贩售，然后运载枪械和铁条等货物再次航向非洲，再将这些枪械和铁条卖给非洲当地负责捕捉奴隶的人。

奴隶船兜转在这些贸易航路之上，不断累积获利。因此，奴隶贸易对欧洲资本家而言，可说是极为有利的投资对象。从王公贵族到中产阶级，几乎都在投资经营奴隶贸易的股份公司，希图从中获利。

但这一高获利事业也有其高风险，就是航行途中奴隶的死亡与反叛。据记录，约每五艘船只就有一艘会发生反叛，或因天气不佳全船尽失。为避险，投资家们为奴隶与船只投保，海难保险事业因而大大兴盛。

真正开始连接西非与美洲大陆奴隶贸易的，是 16 世纪初的葡萄牙。从那之后到 19 世纪初为止，以西班牙、荷兰、法国、英国为主的奴隶贸易国家，其残酷航海的运载人数累计高达 1200 万。可以说，这是一项仅仅出于贪婪就发展起来的犯罪事业。

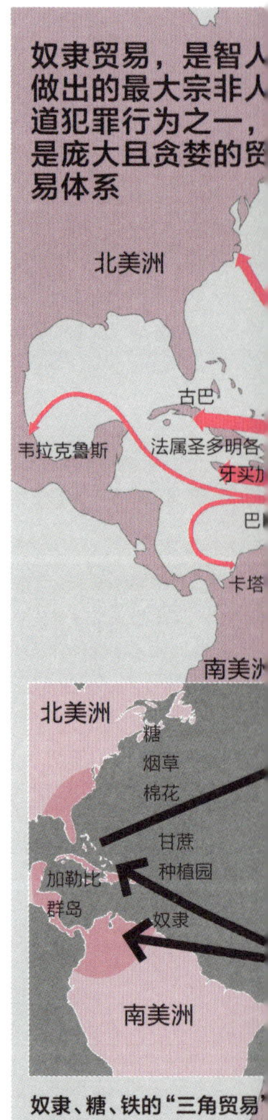

奴隶、糖、铁的“三角贸易”
欧洲对糖的消费激增，甘蔗种植园事业的兴盛，更扩大了奴隶贸易的规模

该图参考《环大西洋奴隶贸易历史地图》（东洋书林出版）

奴隶船内部

美国国家历史博物馆展示的奴隶船剖面模型

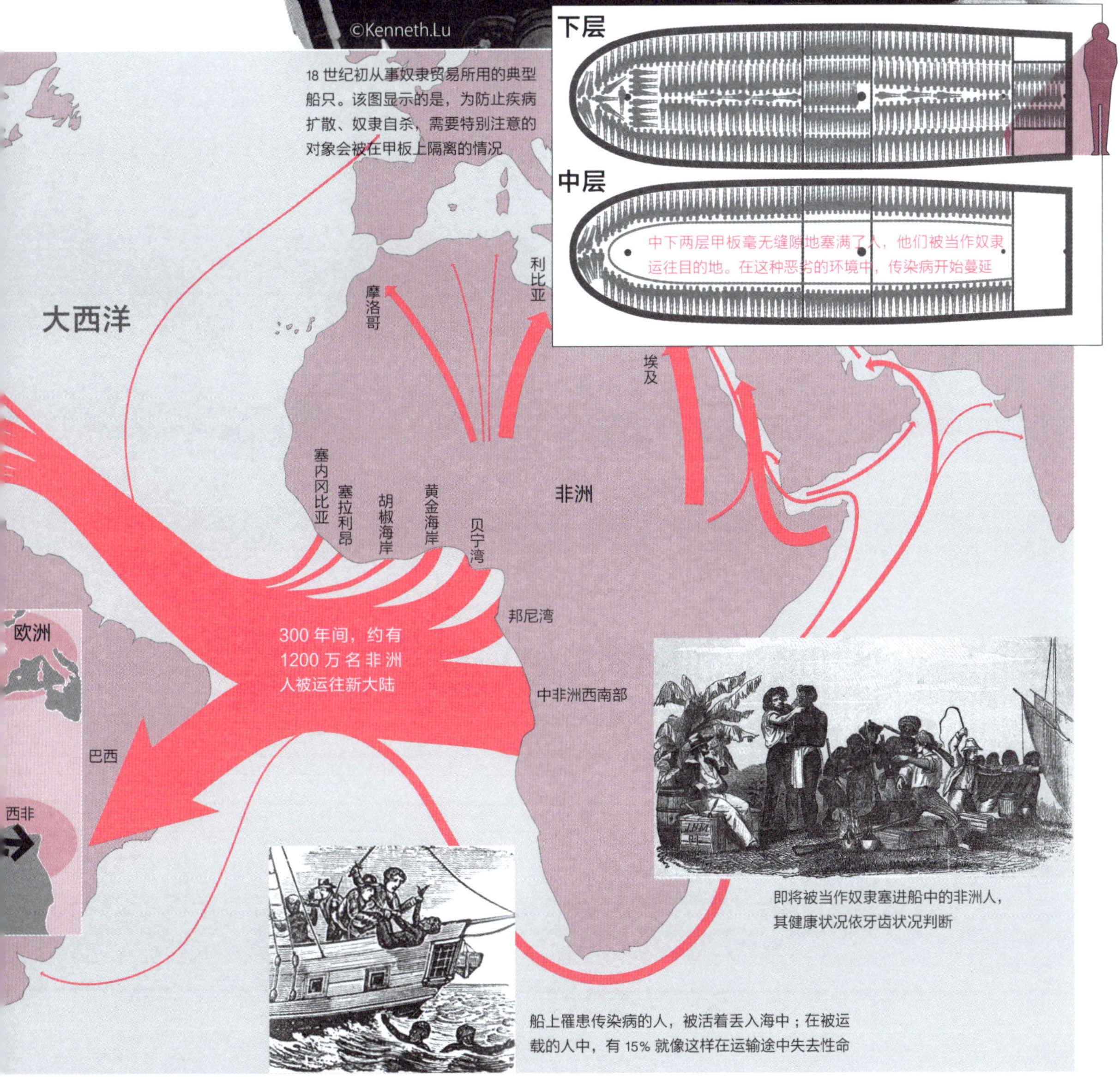

©Kenneth.Lu

18 世纪初从事奴隶贸易所用的典型船只。该图显示的是，为防止疾病扩散、奴隶自杀，需要特别注意的对象会被在甲板上隔离的情况

下层

中层

中下两层甲板毫无缝隙地塞满了人，他们被当作奴隶运往目的地。在这种恶劣的环境中，传染病开始蔓延

大西洋

摩洛哥

利比亚

埃及

塞内冈比亚

塞拉利昂

胡椒海岸

黄金海岸

贝宁湾

非洲

邦尼湾

中非洲西南部

300 年间，约有 1200 万名非洲人被运往新大陆

欧洲

巴西

西非

即将被当作奴隶塞进船中的非洲人，其健康状况依牙齿状况判断

船上罹患传染病的人，被活着丢入海中；在被运载的人中，有 15% 就像这样在运输途中失去性命

18 欧洲世界扩张的武器『股份公司』①

『股份公司』自成一国，东印度公司统治亚洲

所谓『公司成为政府』的意思是什么？

英国在 1600 年，荷兰于两年后，接着法国在 1604 年，各自成立了名为“东印度公司”的法人，纷纷向以印度为中心的亚洲地区派遣商船队。

如果以英国的东印度公司为例，在 1657 年这个时间点，是一家拥有资本额 320 万英镑、股东 3000 人的巨型公司。据记录，该公司通过发行公司债券筹集经营资金 600 万英镑，每年派出二三十艘船只，年营业额达 125 万至 200 万英镑。

一家民间股份公司之所以能推进如此庞大的事业，是因为拥有英国王室颁发的特许状。这张特许状，是东印度公司向王室及议会提供后者要求的资金后，作为回报，获得的一种贸易垄断许可证。

这张特许证，除贸易垄断外，上面还清楚写明了公司获准行使的各种权利。其中最重要的一点，是公司可以代替国家行使国家权力。荷兰东印度公司从成立之初，就拥有向对手国宣战、交战、媾和、缔结条约等权力，亦即民间股份公司能以国家的名义发挥功能。因此，公司拥有自己的军队，也有自己的官僚组织。

英国的东印度公司也是以国家之姿对待印度的。1757 年，东印度公司在普拉西击败了孟加拉王公，掌握了该地区的征税权与行政权。此后 100 年间，东印度公司不断侵略印度半岛的小王国，以同样的方式掌握行政权，实质上就是作为政府统治那些被征服的国家。不知不觉间，东印度公司已拥有印度史上最大面积的领土，成了印度的实际统治者。该公司当时从印度征收的税金，每年约达 400 万英镑。

但该公司的繁荣，也因 1857 年爆发的印度雇佣兵起义而蒙上了阴影，最终，它让位给了英国政府的直接统治。

法国东印度公司

1604 年成立，一度停止活动；
1664 年再度成立；
1790 年解散

法国东印度公司在同类公司中是最后一个进入亚洲的，它与英国东印度公司竞争，为博取讨厌英国的莫卧儿皇帝的欢心而进入印度

1674 年　在印度的本地治里市建立要塞

1757 年　联合孟加拉王公，在普拉西与英国东印度公司交战，但战败
1763 年　法国在《巴黎条约》中放弃在印度的部分权利
1790 年　法国东印度公司解散

英国东印度公司

1600 年成立；
1709 年以“联合东印度公司”为名重建；
1858 年解散

1612 年　在印度苏拉特设立商馆
1657 年　以股份公司名义进行增资，从印度进口细棉布
1756 年　进入孟加拉，建立要塞
1757 年　在普拉西战役中获胜，英国东印度公司取得孟加拉等三个邦的行政权与征税权，在印度成为“独立王国”，此后该公司即以孟加拉模式武力镇压印度半岛诸小国，取得行政权
1857 年　该公司的印度雇佣兵起义，范围之大甚至波及首都德里，致英国政府介入镇压

东印度公司的管理人员过着如国王般的生活

1858 年　英国东印度公司解散，英国政府直接统治印度
1877 年　“印度帝国”（英属印度）成立

荷兰东印度公司

1602 年成立；
1621 年为进入葡萄牙殖民地巴西，成立荷兰西印度公司

1609 年　在日本平户设立商馆
1619 年　在爪哇岛的巴达维亚（今雅加达）设置总督府，此后又占领台湾岛、斯里兰卡、马六甲
1663 年　镇压苏拉威西岛，之后荷兰东印度公司统领全亚洲的贸易，迎来了全盛时期
1672 年　第三次英荷战争结束，荷兰东印度公司与英国合作，但在和英国决裂后，该公司的影响力转弱
1799 年　荷兰东印度公司解散

上：荷兰东印度公司在苏门答腊岛巨港的建筑与仓库
下：荷兰东印度公司的军人们

各国东印度公司的海洋贸易据点

法国比英国稍晚进入印度
1757 年普拉西战役
法国战败，撤离印度
占领毛里求斯岛
斯里兰卡
1857 年，印度民族大起义（又称印度士兵兵变）
葡萄牙自世界舞台退场
英国无法抗衡荷兰的统治基础，便将矛头转向印度
铜墙铁壁般的荷兰东印度公司商圈
澳门
阿瑜陀耶
西贡
马尼拉
普吉
北大年
亚齐
马六甲
廖内群岛
苏门答腊岛
巨港
马辰
巴达维亚
万丹
爪哇岛
苏拉威西岛

18

欧洲世界扩张的武器「股份公司」②

「科学」「资金」「帝国」的结合，催生了战争的产业化

当时讽刺蒸汽火车在道路上呼啸的漫画

资本家与军人的结合

英国一位姓阿姆斯特朗的发明家，在 1855 年研发出冠上自己姓氏的大炮“阿姆斯特朗炮”。成为现代大炮原型的这尊高性能大炮，马上就被英军采用。

阿姆斯特朗利用这个机会创造了具有划时代意义的一种方式。他并未自己成立制造大炮的公司趁机大赚一笔，反而将大炮专利让给了英国政府，自己出任政府的兵器研发负责人。

为避免利益冲突，他另外成立制造公司，让该公司垄断阿姆斯特朗炮的订单。如此，阿姆斯特朗的这家公司到 1861 年为止，总共制造了 1600 门大炮。

当时的英国军队与企业家之间，就是这样一种流动性的关系。之所以能如此行事，是因为军队的技术士官与民间企业经营者之间形成了利益共享的密友圈。阿姆斯特朗公司的技师成为海军的首席设计官，反过来也有很多海军技术士官转到阿姆斯特朗的公司任职。

军人们关切的是如何确保自身相对于敌国在武力上占优势地位。敌对国争相研发新式兵器，不断推动技术革新。研发者不断追求新式兵器，让已经制造完成的兵器很快成为旧式军械。议会也为新式兵器的研发制定预算，让兵器产业得到了实惠。借着由这种循环支撑的产业发展，战争产业化这样的怪物诞生了。

光是凭科学家的知识，无法让发明实用化

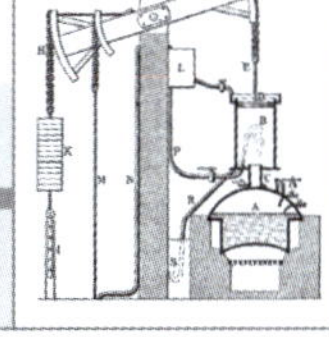

从古代就知道的蒸汽动力，在 17 世纪首次以抽水机的形式实用化

实用化

1825 年，斯蒂芬森实现了蒸汽火车的实用化

资本家与工程师联手，让知识实用化

19 世纪 40 年代，因投机资金的大量涌入，英国的铁路事业出现了泡沫化的情况。小规模的铁路公司林立，常出现轨道间距不一或路线重复铺设的情况。之后铁路法出台，开启了四大铁路公司时代。照片是当时伦敦及东北铁路公司的 A3 级蒸汽火车。至 20 世纪 30 年代，铁路网覆盖了英国全境。

战舰从帆船演化至蒸汽机船

蒸汽涡轮船
尼普顿号战舰（1874）

1884 年，大英帝国发生了造舰恐慌：据某晚报报道，欧洲其他列强的海军势力已凌驾于英国之上，据此舆论要求英国海军强化军备；而这篇报道实际上是英国海军的故意布局

军备计划

超级无畏舰建造竞赛

偏巧这时法、德两国的海军出动大型战舰对英国海军发起攻势，英国议会便决定建造 70 艘超级无畏舰与之对抗

国家预算

战争的产业化

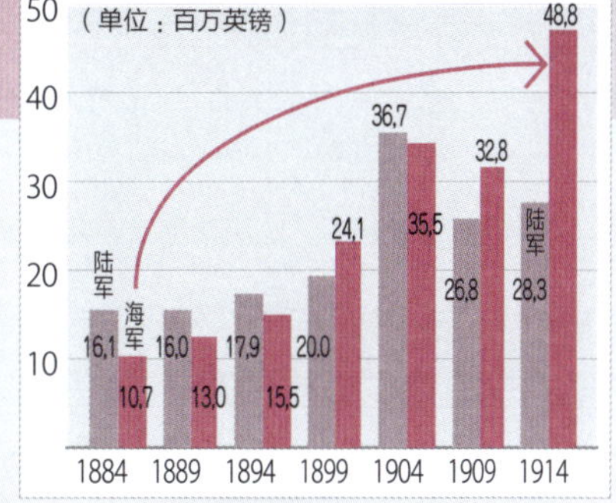

海军预算 30 年间增至 4.5 倍以上

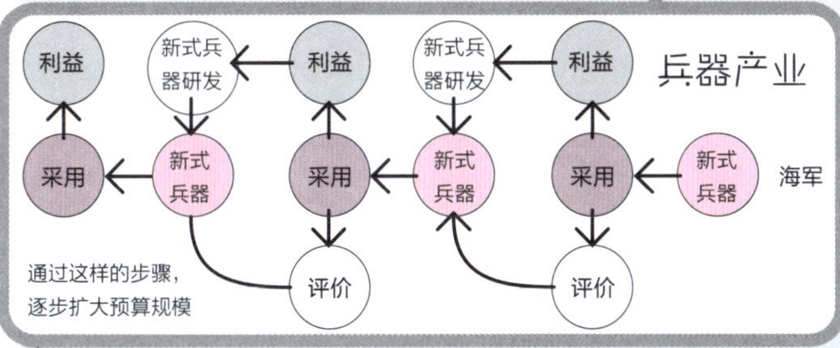

通过这样的步骤，逐步扩大预算规模

海军相关产业工人在英国总劳动力中的占比

2.5%
25 万人
1897

16.6%
166 万人
1913

英国在 1897 年有 25 万名工人从事海军相关产业，1913 年则有 1/6 的工人在海军相关产业获得收入

军队要求新式兵器，企业投资研发，利用国家预算实现实用化；军队再要求性能超越前代的新式兵器，企业再投资研发，利用预算将之制成实体。这样的螺旋扩张，催生出庞大的军需产业

军需产业的正向反馈机制：正是这样的扩张推动了产业化进程

本图参考 William H. McNeil《战争的世界史》（戦争の世界史，中央公论新社出版）

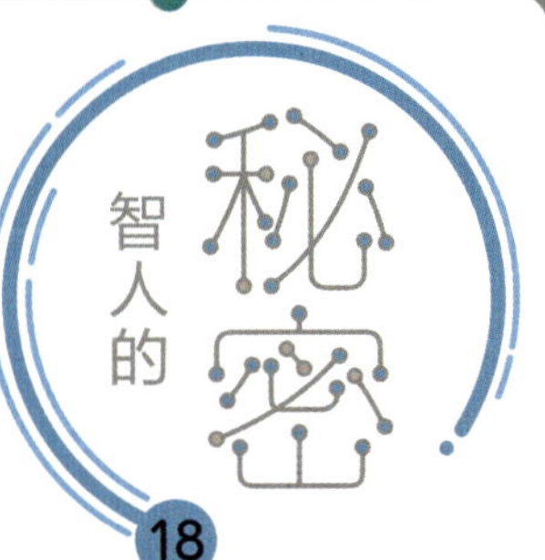

18

欧洲世界扩张的武器「股份公司」③

借文化统治的侵略手段，帝国殖民地遍及全球

英国殖民帝国是始于 17 世纪

伊斯兰世界
1875 年统治埃及
苏伊士运河

第一次世界大战时英国对中东地区的外交政策，酿成今日的以色列问题

中国
1840 年鸦片战争；
1997 年香港回归

印度帝国
1877 年
维多利亚女王
成为皇帝

1891 年
阿曼沦为
殖民地

非洲圈
1894 年
塞西尔 · 罗得
斯在罗得西亚
建立殖民国家

1815 年
斯里兰卡
沦为殖民地

太平洋

1824 年
新加坡、马六甲
沦为殖民地

大洋洲圈

1600 年
东印度公司
进入亚洲

1899—1902 年
布尔战争

1788 年，澳大利亚迎来
首批流放犯移民
1827 年，正式成为英国属地

1840 年
新西兰成为英国属地

布尔战争被称为英国殖民地政策中最肮脏的一场战役，南非的黄金、钻石、钨等资源皆被英国夺走

印度人拱手将整个国家交给英国

首先请看右上角的小地图。世界被绿色覆盖。这是在第二次世界大战之前，欧洲列强的殖民地地图。日本与韩国及泰国虽被排除在外，但其实日本也是以帝国之姿并吞韩国，并进军泰国。简言之，该地图显示的是，在人类所居住的地球上，几乎所有的土地，都被殖民帝国及其殖民地占据了。

当然，最大的殖民帝国是英国。如大地图所示，除南、北美洲之外，非洲、亚洲、大洋洲等主要部分都受英国掌控。看到这张地图后，我们会不禁纳闷：英国这样一个小岛国，怎么有能力统治这么多殖民地呢？

英国统治殖民地的秘密，印度独立运动领袖圣雄甘地在其著作《印度自治》里是这么描述的：“印度不是英国人夺走的，而是我们给他们的；不是英国人凭自己的力量占据的，而是我们让他们留下的。”

智人 我们
1000 年 1200 年 1400 年 1600 年 1800 年 2000 年 现在

撒切尔夫人(时任首相)
1982 年，围绕马尔维纳斯群岛的主权问题，英国与阿根廷爆发了武力冲突，时任英国首相的撒切尔夫人在马岛战争中寸步不让，付出巨大的牺牲，保住了大英帝国的这笔遗产

欧洲
欧洲的殖民地
部分被欧洲侵略的国家
受欧洲影响的国家
非欧洲殖民地的国家

在长达约 200 年的漫长时间里，英国并非以武力统治印度，甚至并未站在第一线进行统治。在印度，不论警察、军队、法官、律师还是殖民地政府的官员，皆由印度人出任。

甘地注意到了一件事：是印度人自己被大英帝国创立的文化价值、社会制度等体系支配了。从说英语、学习英式法律观念，乃至教育制度、社会价值观等，这些都是依赖英国而存在的。话说回来，甘地本人不就是英式律师，举手投足间充满英国绅士般的做派吗？

甘地后来身披一袭亲手纺织的白布，将毕生奉献给了印度独立运动。可以说，这是甘地摆脱自己身上的英国气的宣言吧。

帝国以武力侵犯他国国土。武力侵犯就可能遭遇武力的回击，但更难对付的侵略是帝国支配人心的文化统治，而它仍未被世界彻底挣脱。

英国绅士的养成

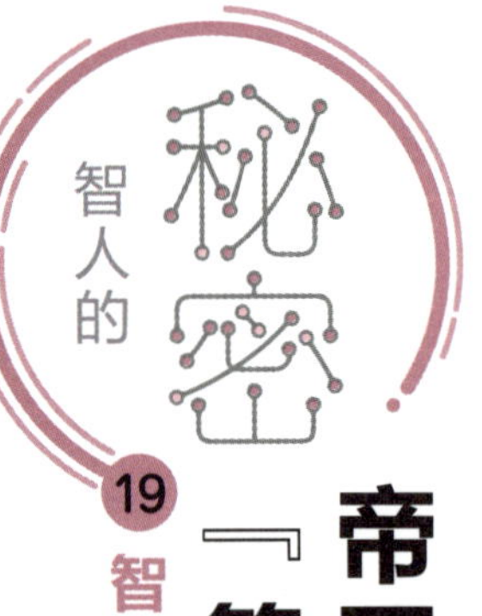

19 智人的二十世纪①

帝国主义世界的两度重置及『第二潘多拉之盒』——核能

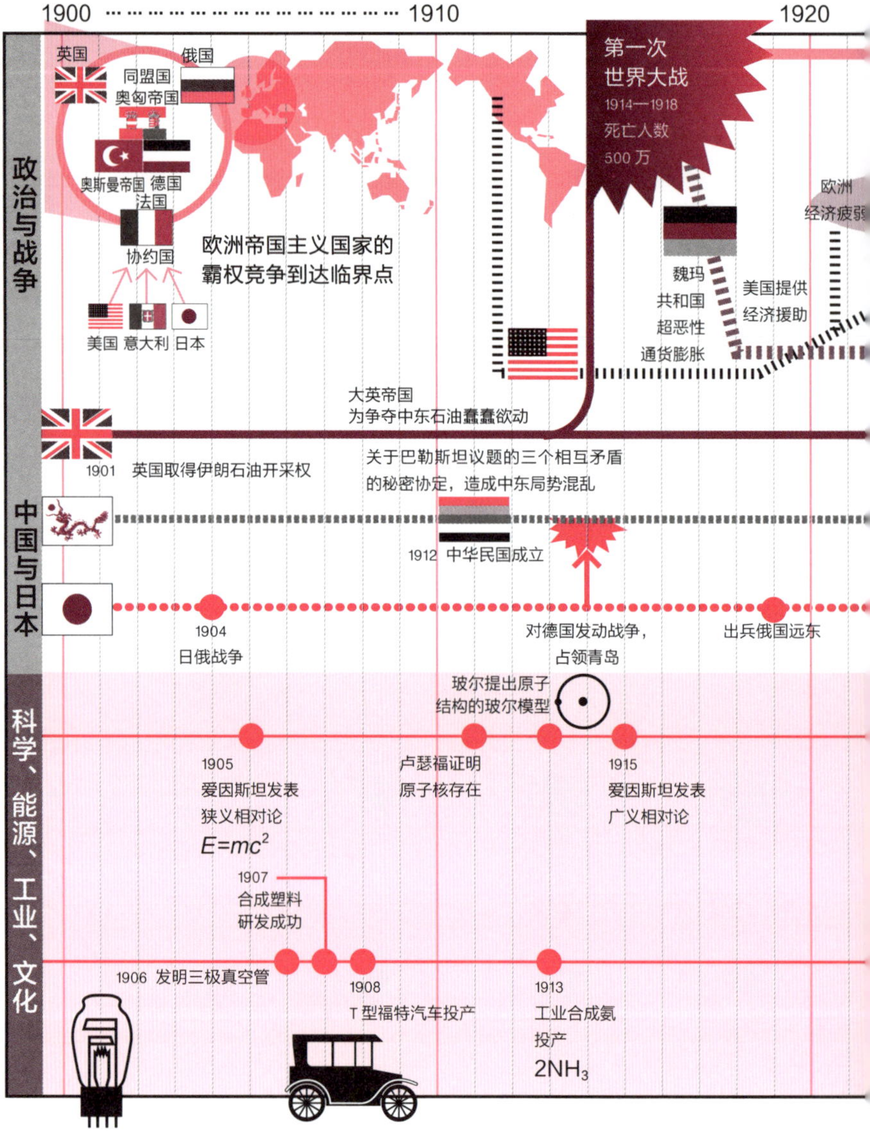

1900　1910　1920

政治与战争

英国　俄国　同盟国　奥匈帝国　奥斯曼帝国　德国　法国　协约国　美国　意大利　日本

欧洲帝国主义国家的霸权竞争到达临界点

第一次世界大战 1914—1918 死亡人数 500 万

魏玛共和国超恶性通货膨胀

美国提供经济援助

欧洲经济疲弱

大英帝国为争夺中东石油蠢蠢欲动

1901　英国取得伊朗石油开采权

关于巴勒斯坦议题的三个相互矛盾的秘密协定，造成中东局势混乱

中国与日本

1912　中华民国成立

1904 日俄战争

对德国发动战争，占领青岛

出兵俄国远东

科学、能源、工业、文化

玻尔提出原子结构的玻尔模型

1905 爱因斯坦发表狭义相对论 $E=mc^2$

卢瑟福证明原子核存在

1915 爱因斯坦发表广义相对论

1907 合成塑料研发成功

1906 发明三极真空管

1908 T 型福特汽车投产

1913 工业合成氨投产 $2NH_3$

让世界发生剧变的两次世界大战

在欧洲各殖民帝国覆盖了全球大部分地区的情况下，人类迎来了 20 世纪。创造这种帝国并支撑着它发展的科学和军队、金融与产业资本等，更是养精蓄锐，不断扩大。欧洲权力平衡的变化波及全球的时代，终于来了。

帝国间的此种争夺，成为了第一次世界大战的导火索，但为何会爆发这次大战？尽管该战争结束已约百年，此问题仍无定论。唯一可以说的是，当时决定开战的人，是在对国与国战争样式的变化毫无察觉的情况下签署宣战公告的。倾尽全国资源的参战，开启了全面战争的时代。

高达 500 万人的空前死亡数，超乎想象的巨大国土破坏，面对这一切，欧洲各国都疲惫凋敝不堪，最终启动了和谈。第一次世界大战带来的是欧

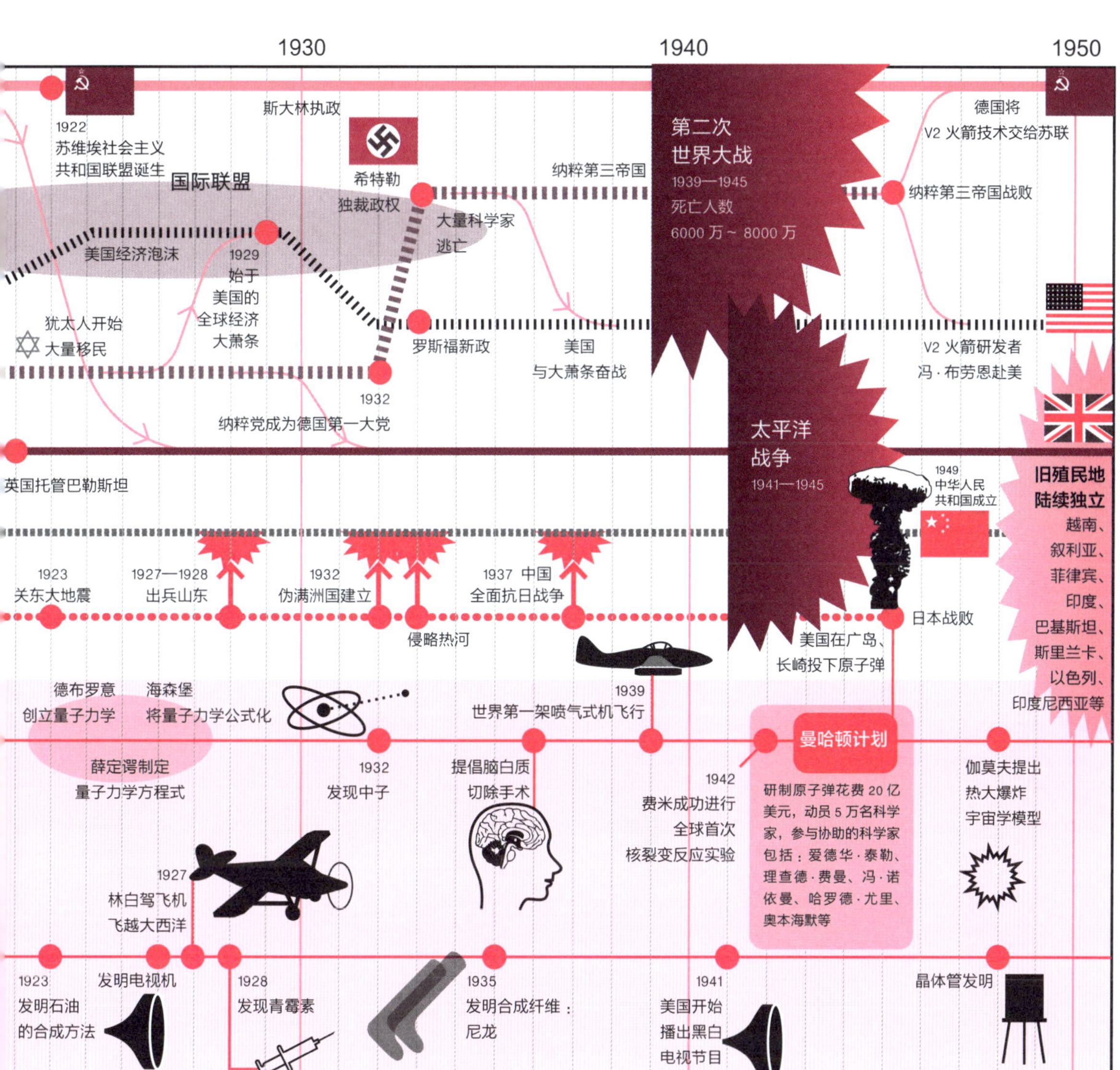

洲各殖民帝国的衰落，以及毫发无伤的美国的腾飞，还制造了一个机会，让发展较晚的帝国即德国与日本崛起，更带来了社会主义革命与苏维埃社会主义共和国联盟（苏联）的诞生。

欧洲的金融资本与人才纷纷移往和平的美国。爱因斯坦也在 1933 年离开德国。当时发生了两件事：一是资金流入过剩，造成了经济的泡沫与崩溃，这次经济崩溃酝酿了下一场战争的到来；二是新物理学，即量子力学的诞生，它是现代科学发展的基础，其诞生也加速了电子工程、地球物理学、分子生物学等诸多现代科学研究的发展。

各领域的科学家齐聚美国，打开了“第二个潘多拉之盒”：核能的力量。20 世纪中期，在第二次世界大战中，人类利用了核能的力量，向日本投下了原子弹。

另一个战败国德国，因拥有 V2 火箭技术，引得美国与苏联两强互相争夺。以此为分水岭，世界不可收拾地进入了核战力对立的时代。

19

智人的二十世纪②

从冷战到美国主导下的全球化与『软件』时代

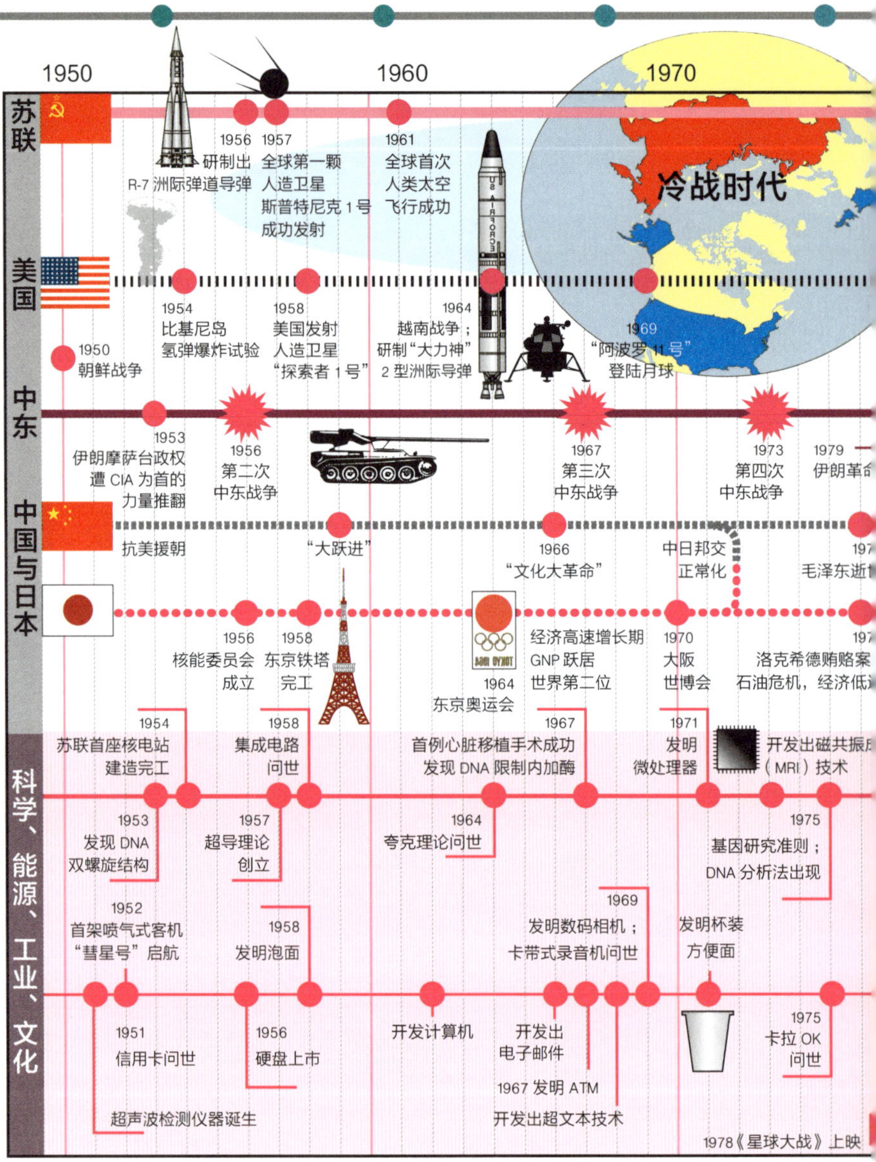

1950 1960 1970

冷战时代

苏联

1956 研制出 R-7 洲际弹道导弹

1957 全球第一颗人造卫星斯普特尼克 1 号成功发射

1961 全球首次人类太空飞行成功

美国

1950 朝鲜战争

1954 比基尼岛氢弹爆炸试验

1958 美国发射人造卫星“探索者 1 号”

1964 越南战争；研制“大力神”2 型洲际导弹

1969 “阿波罗 11 号”登陆月球

中东

1953 伊朗摩萨台政权遭 CIA 为首的力量推翻

1956 第二次中东战争

1967 第三次中东战争

1973 第四次中东战争

1979 伊朗革命

中国与日本

抗美援朝

“大跃进”

1966 “文化大革命”

中日邦交正常化

197 毛泽东逝世

1956 核能委员会成立

1958 东京铁塔完工

1964 东京奥运会

经济高速增长期 GNP 跃居世界第二位

1970 大阪世博会

197 洛克希德贿赂案 石油危机，经济低

科学、能源、工业、文化

1954 苏联首座核电站建造完工

1958 集成电路问世

1967 首例心脏移植手术成功 发现 DNA 限制内切酶

1971 发明微处理器

开发出磁共振（MRI）技术

1953 发现 DNA 双螺旋结构

1957 超导理论创立

1964 夸克理论问世

1975 基因研究准则；DNA 分析法出现

1952 首架喷气式客机“彗星号”启航

1958 发明泡面

1969 发明数码相机；卡带式录音机问世

发明杯装方便面

1951 信用卡问世

1956 硬盘上市

开发计算机

开发出电子邮件

1967 发明 ATM

开发出超文本技术

1975 卡拉 OK 问世

超声波检测仪器诞生

1978《星球大战》上映

冷战后，进入美国的时代

经过第二次世界大战后，老牌帝国主义国家的势力均衡再度洗牌。在那场战火中，美国与苏联以新军事大国之姿登台。两国隔日本海各自部署核导弹，形成对峙。在这个冷战时代，超级大国的核战略有两大理论基础支持，分别是核抑制力与相互保证毁灭（MAD）。这样的理论也促成了“核和平”出现。

这个“和平”，让二战的战败国复苏，也让曾是殖民地的国家实现独立。在美苏两国耗费庞大的经济资源维持冷战态势期间，其他国家投资和平产业，实现了经济增长。日本也有过身为经济飞速增长国家代表的辉煌时代。现在我们生

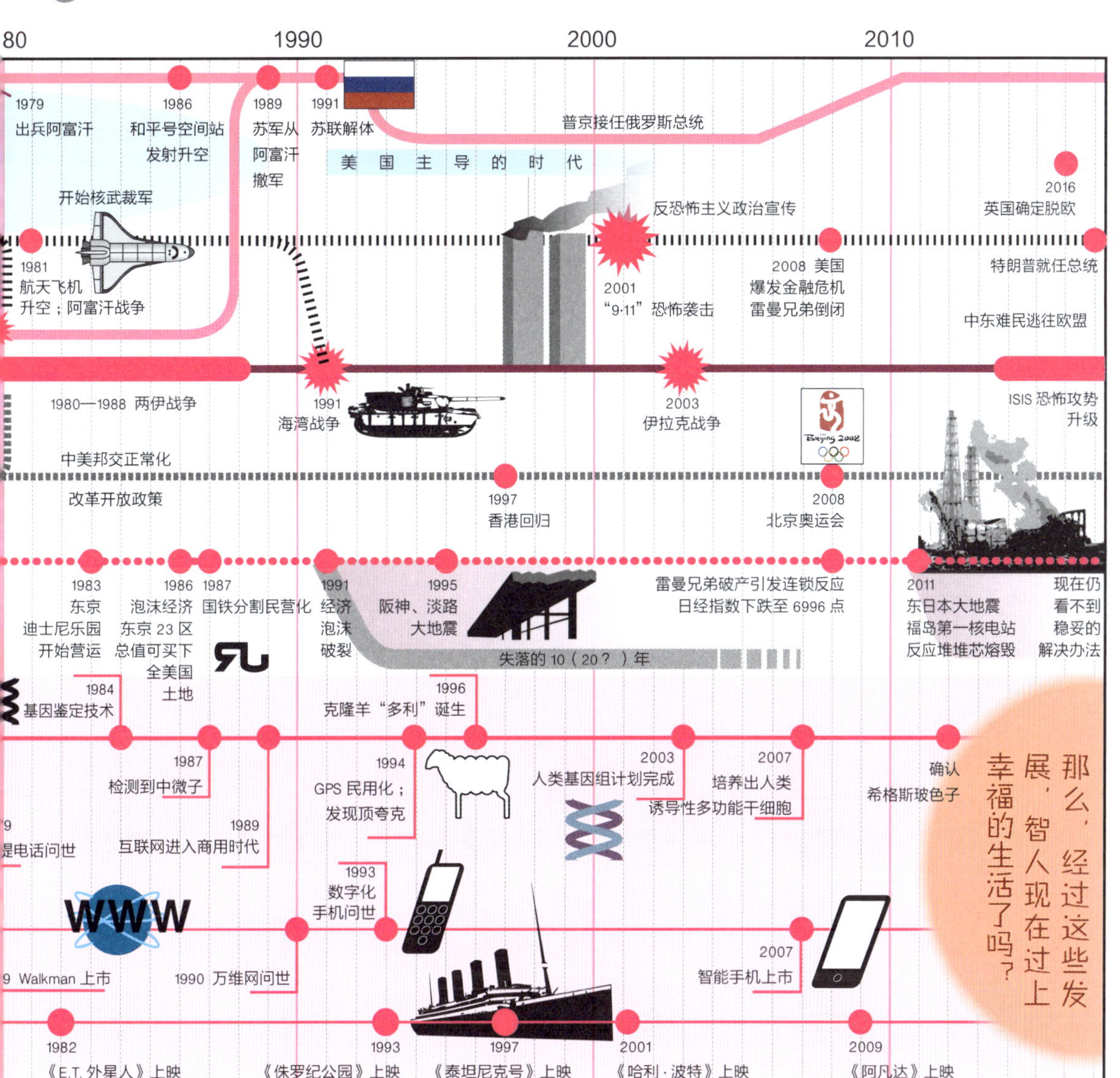

活环境中的各种电子装置，几乎都是在“核和平”的 20 世纪 60—80 年代诞生的。

进入 90 年代，世界的平衡再度崩塌。苏联解体，冷战格局消亡。之后跨越 2000 年（千禧年）的 30 年，是美国主导下的时代。

综观这 30 年间发生的事情，首先值得注意的是人类的发明与发现从“物”转变成“软件”。这从 70 年代微处理器问世之时即已开始。这 30 年来，人们的日常生活发生了剧烈变化。相机、音视频播放器、手机和个人电脑（PC）合而为一，以“物”的形式存在的机器逐渐消失。将各自独立的功能整合于“软件”之中，在互联网问世的瞬间便即启动。一个超越国境、瞬间串联“物”“事”“人”的世界来临了，而人类也很轻松地适应了这一变化。

如今，人类对科学的探索已转向人类自身，就是解析大脑这一终极“软件”的结构。人类届时会开启怎样的盒子？现在还无人知晓。

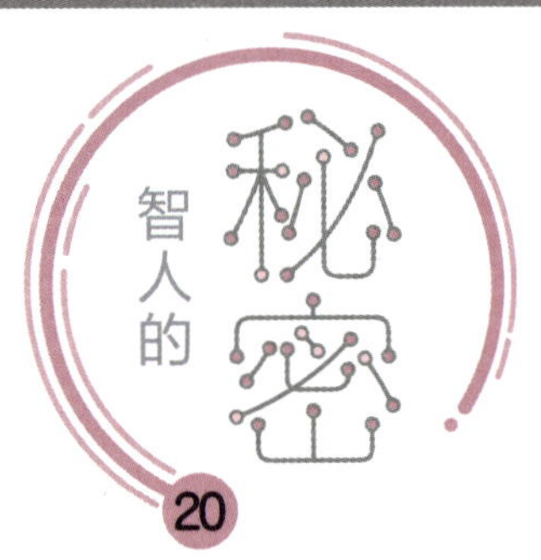

所谓『人类的幸福』①

历经二十万年的演化至今，我们人类真的幸福吗？

并未感受到幸福的日本人

智人在地球上诞生至今，已历经约 20 万年。不断演化至今，活在 21 世纪的现代智人，究竟是否获得了幸福？

右侧大图据联合国公布的全球幸福指数排行榜（2017 年）的部分资料整理而成。幸福指数名列第一的是挪威，第二是丹麦，第三冰岛，第五芬兰，第十瑞典，即北欧五国均名列前十。其他西欧、大洋洲、北美等地的发达国家也名列前茅。

该调查根据“人均国内生产总值（GDP）”“社会支持”“健康预期寿命”“人生选择的自由”“包容度”“政府及企业健全度”等 6 个项目进行评比，再将其他要素量化加总，借以表示各个国家和地区的幸福指数。调查对象共 155 个国家和地区，其中日本位居第 51 名，幸福指数在发达国家中明显偏低。其余 3 张小图，进一步支持了这一点。

首先在自杀率跨国比较图中，日本位居全球第九，邻近的韩国竟高居第二。在诸多对于经济发展不安的国家中，东亚的经济大国皆以高自杀率入榜。

此外，在以经济富裕的国家为对象进行的调查中，回答“孤单”的 15 岁学生占比，以日本最为突出，比例近三成。再看日本抑郁症患者人数的变化，不论男女，人数几乎年年增加。

从上述三项调查中应能浮现出背负心灵创伤的日本人样貌。究竟我们该怎么做，才能更接近幸福国度？

日本虽属发达国家，却有突出的自杀率

全球自杀率最高的 15 国

排名	国家	每 10 万人中的自杀人数（单位：人）
1	朝鲜	39.5
2	韩国	36.6
3	圭亚那	34.8
4	立陶宛	33.3
5	斯里兰卡	29.2
6	苏里南	27.2
7	匈牙利	25.3
8	哈萨克斯坦	24.0
9	日本	23.1
10	俄罗斯	22.4
11	白俄罗斯	21.8
12	印度	20.9
13	波兰	20.5
14	拉脱维亚	20.4
15	尼泊尔	20.3

WHO（2014）Preventing suicide: A global imperative

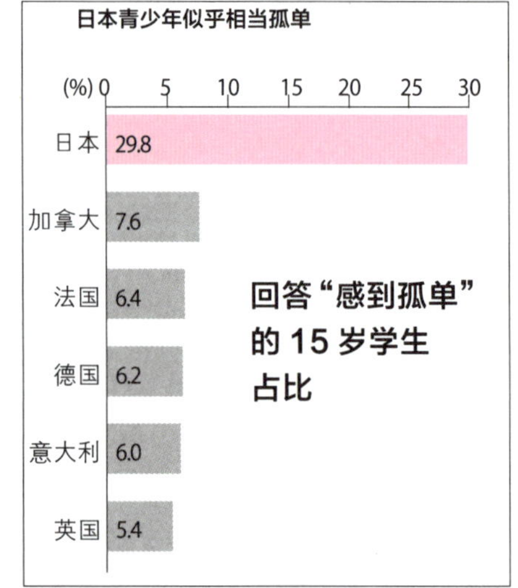

UNICEF Innocenti Research Centre（2007）

据 World Happiness Report 2017 制作

丹麦

在 2016 年之前的调查中，丹麦幸福指数都保持在第一位。幸福的关键在于以“hygge”（舒心惬意）为最优先。不论是居住环境、工作还是人际关系，都要以自己能否感受到舒心惬意为价值判断基准。这也是一种不为他人看法所左右的强烈个人主义的表现。

芬兰

曾是 10—19 岁自杀率最高的国家。该国实施了一系列综合性自杀预防对策，如改善抑郁症治疗、预防酒精依赖、协助失业者重返社会等。倾举国之力应对的结果，是成功让该国自杀人数在约 20 年内降低了 35%，幸福指数也随之上升。

瑞典

以高福利制度名闻全球，经过 20 年实现了“卧床老人为 0”的目标。采用尽可能尊重高龄者的自我意志，并协助其生活自理的照护体制。若居家照护，照护人员会频繁走访家庭，减轻家人的照护负担。就算要缴纳高额税金，但其回馈完全看得见。瑞典正是这种北欧式福利制度的典型代表。

阿尔及利亚

非洲各国中幸福指数第一名。据推测，这是经济改善、人民生活品质提升的结果。不过报告结果显示，比起更加现代化的北部，在仍保有传统生活形态的南部地区，虽然贫穷但感到幸福的人更多。也有人指出，是当地的宗教信仰提高了人们的幸福感。

在日本，罹患抑郁症的人数不断增加

厚生劳动省“患者调查”
※ 根据计算方式的特性，可能出现男女合计总数不相符的情况

从『世界幸福地图』看到的『幸福差距』，意味着什么？

幸福的北欧，悲伤的非洲

全球幸福指数排行榜地图

人类的理想？
高度自由与高福利国家的幸福

为什么？
幸福指数
区经济富

悲伤的非洲……
这里才应该尽快
让经济富裕起来

幸福的国家和地区
还算幸福
应该算是幸福的吧
不能算幸福
不幸福

根据 World Happiness Report 2017 的资料制作而成

我们在前面介绍了“全球幸福指数排行榜”，这里再来稍微深入地看一看。上面的地图将作为调查对象的全球 155 个国家和地区，根据不同幸福指数以不同颜色做了区分。其中，排名前 30 名的国家和地区被归类为“幸福”（橙色），31—60 名为“还算幸福”（黄色）、61—90 名为“应该算幸福吧”（绿色），91—120 名为“不能算幸福”（水蓝）、121 名及以后则是“不幸福”（蓝色），共分为这样的五个等级，借此对幸福感的分布状况一探究竟。如此一来，就能看出不同地区间的明确差异。

橙色标示幸福指数高的国家和地区，它们集中在欧洲北部、大洋洲、南北美洲。其中，稳踞幸福指数排行榜前几名的北欧各国，不消说就知道是高福利国家。可以说，他们是用高额税收换来了保证一生都能安心生活的国家政策，加上收入水平很高，想来那里的人很有幸福感。此外

也有人指出，这些国家的人民总的来说相当重视闲暇时间与人际关系，天生一副享受人生的性情。北欧型高福利国家值得当作人类追求的理想型之一来重点关注。

反之，幸福指数低的国家则集中在非洲。虽然非洲是人类的摇篮之地，但在发展过程中沦为了奴隶贸易与殖民统治的牺牲品。好不容易独立，问题还是堆积如山。例如，开发程度与教育的落后，以及贫穷、动乱、传染病蔓延等，可以说是这许多负面因素妨害了那里人的幸福。联合国有报告指出，为让非洲人民感到幸福，包含开发在内的经济援助与推进民主化，这两样是不可或缺的。

在东亚与中南美洲所见的相反现象

根据北欧各国与非洲国家的例子可知，经济状况与幸福指数在某种程度上成正比，经济的富裕程度与幸福感密切相关。然而在有些地方，经济状况与幸福的关系是相反的。

其中之一是我们居住的日本、韩国等国家和地区。这几个国家和地区都以欧美式的生活为范本，经济也发展到了一定程度，然而它们的幸福指数却仅仅是“勉强可以”的水平。

反之，中南美洲各国虽然在经济层面称不上富裕，但幸福指数依然很高。如哥斯达黎加（12名）、智利（20）、巴西（22）、阿根廷（24）、墨西哥（25）、乌拉圭（28）、危地马拉（29）、巴拿马（30）共8个国家，都进入了幸福指数排行榜的前30名。这究竟意味着什么？

那就是，东亚人就算经济层面再富裕，也不大能感受到幸福；而中南美洲的人并不算富裕，但却很快乐。这样的幸福差异，会在下一页继续深入探讨。

20 所谓「人类的幸福」③

在日本看见的「幸福悖论」

幸福并非是指经济层面的富裕

一直以来，GDP 都是用来衡量一个国家富裕程度的指标。但近年来，在“真正的富裕究竟为何”的追问中，诸多领域展开了关于幸福的研究。

右上方折线图显示的是日本人均实际 GDP 与生活满意度的变化。代表富裕程度的人均 GDP 整体而言是上扬的，但“对生活满意”的人却逐年减少，这与 GDP 的变化存在背离。

经济增长与人的幸福并无关联性。这就是所谓的“幸福悖论”，该现象在除了日本以外的发达国家也能看到，因此近来备受关注。个人所得水准一提高，幸福指数虽然会跟着攀升，但只是暂时性的，之后就会持平。即使社会整体富裕，但因为比较对象是其他人，因此幸福指数相对而言并无变化。

基因决定幸福指数？

右页长表比较了各国家和地区的个人所得和先前幸福指数的排名差值，据此可以知道两者之间究竟存在多大的落差。正值越高，意味着收入所得虽低，但幸福指数高；而负值越高，则代表即使收入所得再高，幸福指数也低。

以日本为例，个人所得虽位居全球第 17 名，但幸福指数仅列第 51 名，中间有着 34 个单位的落差，可见日本与韩国一样，经济状况与幸福感直接存在大幅度的背离。另一方面，正值特别突出的是中南美洲各国。如前页所示，这些国家尽管经济层面不算富裕，却有很多国民感到快乐。

事实上，一份很有意思的调查报告指出，“幸福程度受基因影响”。在我们体内，有一种名为“花生四烯乙醇胺”（anandamide，ANA）的神经递质。这种物质会强化人类对快感和幸福的感知程度，也有缓和痛楚的作用，因此也被称为“脑内大麻”。幸福指数高的人，应该是因为特定的基因变异，更能使 ANA 发挥作用的缘故。

保加利亚与中国香港的团队合作的调查报告显示，拥有这种“幸福基因”的人，多数是在中南美洲各国、瑞典、美国等地。相反，包括中国在内的东亚国家和地区的人较少拥有该基因。日本则处在中间水平。

当然，基因并不能决定一切，毕竟幸福感并非来自外在环境，它没有实体，归根到底还是我们内心的产物。

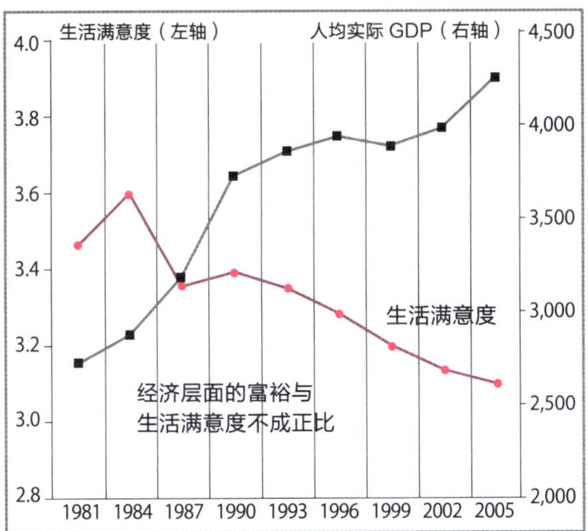

各国家和地区个人所得与幸福指数的背离值一览表

幸福度		个人所得	背离值
1	挪威	3	+2
2	丹麦	9	+7
3	冰岛	15	+12
4	瑞士	4	+−0
5	芬兰	16	+11
6	荷兰	11	+5
7	加拿大	12	+5
8	新西兰	18	+10
9	澳大利亚	13	+4
10	瑞典	7	−3
11	以色列	22	+11
12	哥斯达黎加	64	+52
13	奥地利	10	−3
14	美国	5	−9
15	爱尔兰	(10)	−5
16	德国	8	−8
17	比利时	14	−3
18	卢森堡	(3)	−15
19	英国	19	+−0
20	智利	40	+20
21	阿联酋	(25)	+4
22	巴西	61	+39
23	捷克	29	+6
24	阿根廷	(67)	+43
25	墨西哥	55	+30
26	新加坡	2	−24
27	马耳他	(44)	+17
28	乌拉圭	46	+18
29	危地马拉	99	+70
30	巴拿马	45	+15
31	法国	13	−19
32	泰国	65	+33
33	中国台湾	(14)	−19
34	西班牙	23	−9
35	卡塔尔	(7)	−28
36	哥伦比亚	70	+34
37	沙特阿拉伯	6	−31
38	特立尼达和多巴哥	27	−11
39	科威特	(37)	−2
40	斯洛伐克	30	−10
41	巴林	(46)	+5
42	马来西亚	38	−4
43	尼加拉瓜	120	+77
44	厄瓜多尔	82	+38
45	萨尔瓦多	97	+52
46	波兰	39	−7
47	乌兹别克斯坦	112	+65
48	意大利	20	−28
49	俄罗斯	36	−13
50	伯利兹	92	+42
51	日本	17	−34
56	韩国	21	−35

写在国家和地区名右边的数字，是该地居民所得的世界排名。被圈起来的名次，是因未发表统计结果，故使用了人均 GDP 的排名资料。数值够大，就可以认为该地居民所得与幸福程度之间存在背离。

后记

人的下一个『幸福』是什么？答案已在大脑中

幸福是大脑的感受

人类和地球上其他生物分道扬镳，在自己拥有的浩瀚头脑宇宙中持续创造一个独尊人类的世界，已长达 20 万年。在这段时间里，人类为了能“幸福”地生存，创造了各种构想，并为实现这些构想不断付出巨大的努力。建立国家、制定法律、铸造货币、创立金融体系……人类终于获得前所未有的和平秩序，以及经济上的富裕。

这些努力的结果，是人类现在很幸福吗？这问题的答案就是前几页的“幸福指数”调查数据。这份数据告诉我们，人类至今仍未获得共同认知中的“幸福”。

在这篇后记中，在就幸福展开思考之际，我们先来确认一个极为简单的原则性事实，那就是，人类的幸福并无实体，而是脑中的偶发事件。之所以这样形容，是因为，正如我们用“感受到幸福”这样的语句表达的那样，所谓幸福，是我们的大脑感受到的特别“情感”。对人类而言，问幸福是什么，就等于在问脑中产生的名为“幸福”的情感是什么。

因此，接下来就让我们针对人类怀有的“幸福”这种情感绪与脑的结构，参考在全球具有代表性的神经科学家安东尼奥 · R. 达马西奥的著作《寻找斯宾诺莎：快乐、悲伤和感受着的脑》（*Looking for Spinoza: Joy, Sorrow, and the Feeling Brain*）的内容，一起来探讨一番吧。

性欲是『情绪』，而爱是『情感』

达马西奥是脑部实时图像研究的先驱，他的研究借助到如今在日本也很盛行的功能性磁共振成像技术（fMRI）。他凭这一技术所做的有关人类情感与脑的研究，根据相应的结果，得出了一个假说：人类的脑在感受到“情感”之前，身体就已经接收到了更具本源性的刺激，这种刺激被达马西奥称为“情绪”，这个“情绪”再于脑中产生情感。

那么这个“情绪”和我们在日常生活中感受到的“情感”有什么不同？借用达马西奥的说法，我们看到异性而感受到的性欲就是情绪。而在有了性欲反应之后，对对方会有怜爱之类俗称“爱情”的东西会涌上心头，这就是情感。

果真如此，那么人类感受到的幸福情感里，其实也有本源性的情绪在起作用。看来，为了理解人类幸福的真面目，最先要了解的应该是它的源头，即情绪究竟是什么。

脑中存在情绪的开关

达马西奥关于情绪与情感的研究，源自和同事一起进行的某项实验。为调查某位重度帕金森病的女性患者的运动机能，该实验利用细微的电极刺激其脑内的某个部位。实验刚启动，该女性突然间竟流泪哽咽，反应完全出乎医生的预测。

医生询问该女性发生了什么。她表示，自己突然想哭，心情低落，甚至都不想活了，希望死掉。

于是医生停止了对脑的电刺激。结果该女性突然恢复正常，露出微笑。至于自己为何哭泣又为何陷入悲惨的心境，她表示完全不明白。就像是电流开关变成“ON”之后，她心中的悲伤开关也跟着连动，变成了“ON”。

情感生在情绪后

达马西奥从这项实验中观察到一个很有意思的事实。那就是在进行电刺激前，该女性没有任何悲伤的情感，在病历记录里她也与抑郁症状毫无关系。达马西奥关心的是，袭向该名女性的悲伤情感是不是在大脑受到刺激产生了

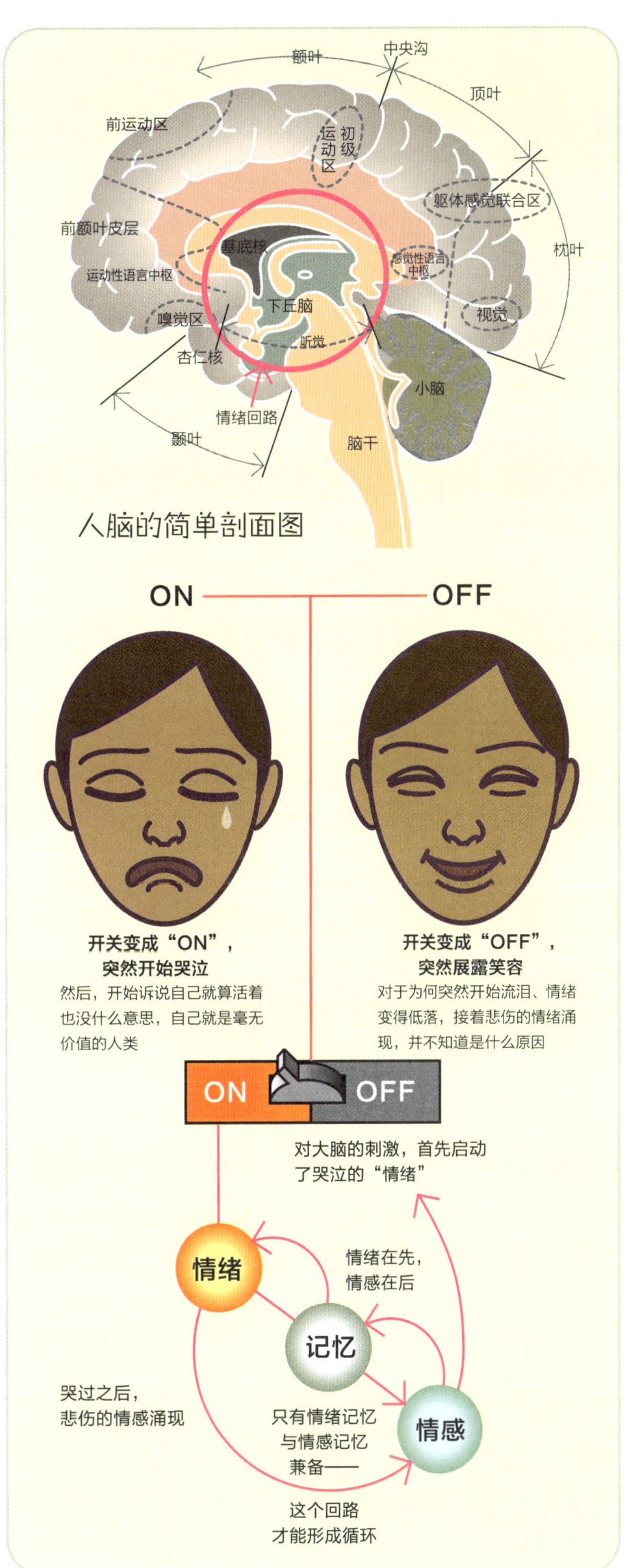

情绪、导致了哭泣的行为之后才出现的。

达马西奥从这个事实得出一个假设：情感产生在情绪之后。

在这名帕金森症女性病患的案例中，医生利用 fMRI 对她做了大脑图像解析，确认了在她右脑顶叶的几个地方存在激活现象。特定脑区的激活表现为流向该部位的血液增加，这一现象在 fMRI 的检测画面中显示为红色。研究者将脑区的激活现象称为“发放”。她展现的哭泣情绪，与右脑顶叶的发放直接相关。

像这样，将身体的特定机能与脑内特定点相联系的研究不断积累，如今才有了大脑的详细映射图。这幅刻画大脑的身体机能分布图，也为当前检验新的“发放位点”提供了依据。

情绪究竟从哪里来？

目前的检验结果表明，我们的悲伤情感，是脑内某个位点受到刺激，产生哭泣这一情绪而引发的。在我们的脑中，同样的事情时时刻刻都在发生。那么我们日常的情绪又是怎样产生的呢？

达马西奥阐述，情绪的根源，是用我们的感官感受到的来自身体内外各处的信息。也就是说，从气温、湿度等体感开始，来自视觉、听觉与嗅觉等感官的知觉信息不断传达到大脑。例如血液中的葡萄糖含量或水分浓度信息传到脑干后，会通过脑内的突触传递给接收信息的杏仁核或下丘脑。这样人就会产生血糖值降低造成的空腹感、水分不足致使喉咙干渴的感知，继而产生食欲或喝水的欲望。这种无意识的身体反应，就是达马西奥所说的“情绪”。

这些“情绪”会激活杏仁核以及前额叶基底和下丘脑，产生各种激素和神经递质。它们会从脑干回到身体各部位，起到保持体温调节、血压调节等具体身体生命活动正常运作的作用。这种维持身体正常运作的无意识生理机能，生物学称之为“内稳态”（homeostasis）。

丰富的情绪种类

我们的身体就像这样动员全部感官，收集自身周遭环境中的大量信息。这些信息传达到大脑，就会产生情绪。达马西奥将情绪分成三大类，分别为“背景情绪”“初级情绪”“社会情绪”。对这些情绪，我们以下简单依序说明。

首先是“背景情绪”。它可以理解为在最原始的生命活动背后运作的、种种调节作用的总和。上文提过的“内稳态”即是一例。

其次是“初级情绪”。主要是指恐惧、愤怒、厌恶、惊讶、悲伤、喜悦等，较强烈的情感通常归入此类。

然后就是第三个“社会情绪”。这是指共情、困惑、羞耻、罪恶感、自尊心、嫉

达马西奥说，人类的情感，是身体生命状态的反映

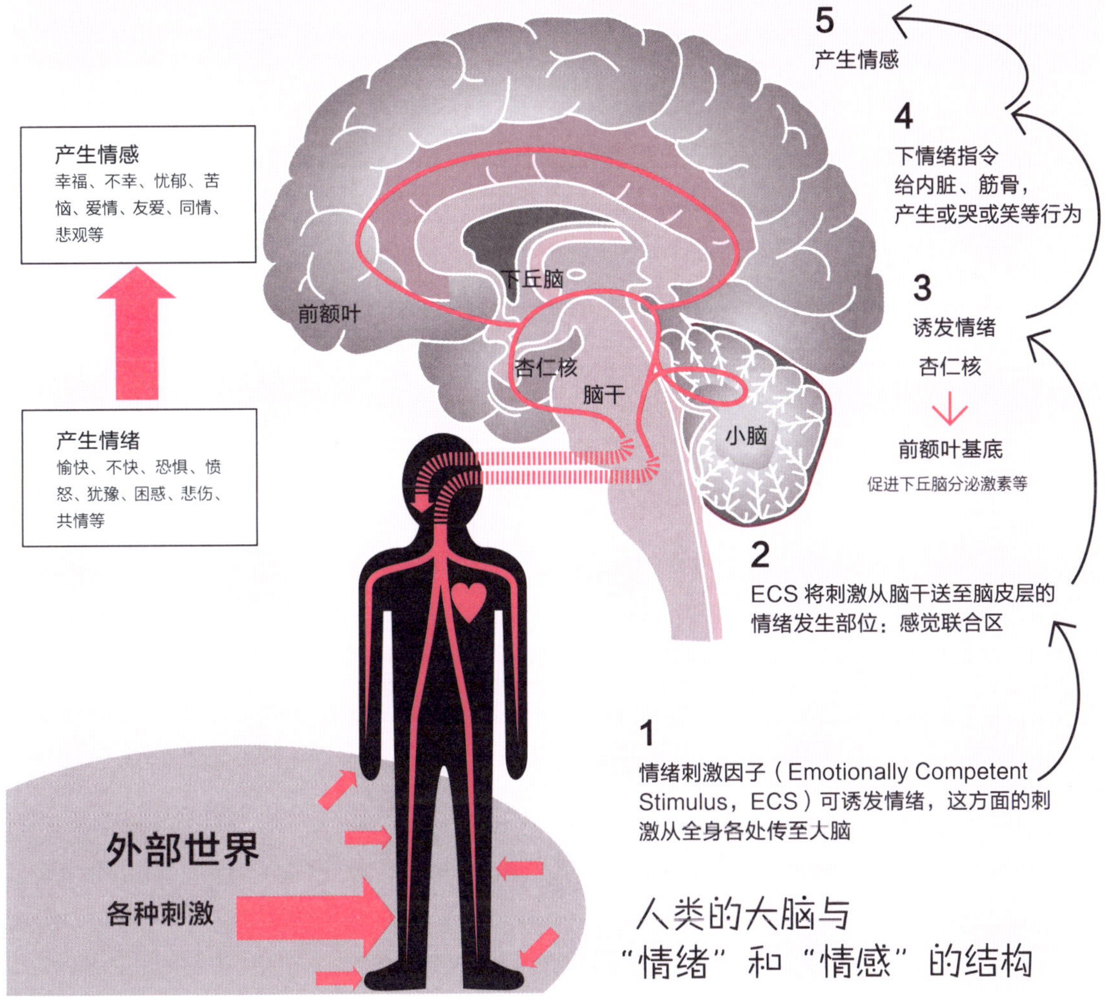

产生情感
幸福、不幸、忧郁、苦恼、爱情、友爱、同情、悲观等

产生情绪
愉快、不快、恐惧、愤怒、犹豫、困惑、悲伤、共情等

前额叶

下丘脑

杏仁核

脑干

小脑

外部世界

各种刺激

5
产生情感

4
下情绪指令给内脏、筋骨，产生或哭或笑等行为

3
诱发情绪
杏仁核
↓
前额叶基底
促进下丘脑分泌激素等

2
ECS 将刺激从脑干送至脑皮层的情绪发生部位：感觉联合区

1
情绪刺激因子（Emotionally Competent Stimulus，ECS）可诱发情绪，这方面的刺激从全身各处传至大脑

人类的大脑与“情绪”和“情感”的结构

妒、羡慕、感谢、称赞、愤慨、轻蔑等，可谓是人类作为生活在共同体中的社会性存在所必备的情绪。

我们的情感大致也可分为上述三大类，表现为多种情绪的总和。这些丰富多彩的情绪在不同的瞬间以最高的强度刺激脑内的相应点位，使相应情感涌现出来，我们复杂的情感生活才得以成立。

达马西奥提出的三类情绪

1. 背景情绪
最原始的身体调节所必需的基本情绪，饥饿、口渴等皆是

2. 初级情绪
一般而言较强情感的所属分类，这里可以理解为唤起这些情感的身体信息，如恐惧、愤怒、厌恶、惊讶、悲伤、喜悦等

3. 社会情绪
作为社会性动物而生存所必需的情绪反应，如共情、困惑、羞耻、罪恶感、自尊、嫉妒、羡慕、感谢、称赞、愤慨、轻蔑等

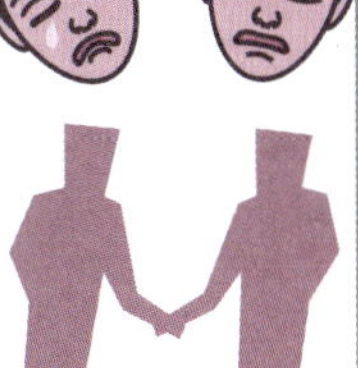

参考安东尼奥·达马西奥《寻找斯宾诺莎：快乐、悲伤和感受着的脑》（日文版为 Diamond 社出版）制表

「愉快情绪」产生幸福

通过到目前为止的说明，我们了解了运作于人脑之中的情绪与情感结构。从中可得到的结论是：要拥有幸福的情感，必须有相应的情绪做它的源头。

达马西奥将产生幸福的情绪称为“愉快情绪”。

身体的生命维持机能全都协调运作，有自身情感的维持系统，联结社会并形成各种关系：这三方面都顺畅运作时，就会产生所谓的“愉快情绪”。

我们的大脑因这样的情绪而生成幸福情感。没来由地雀跃不已、感觉生命正绽放光辉的那种幸福感。那种想要肯定自己人生的心情，是任何人都有过的情感经验。像这样的幸福感，是经由极为复杂的脑内映射而生的。愉快情绪让脑内相应位置产生发放，经由前额叶皮层，联结过去的幸福“记忆”或“故事”等，最终产生幸福的情感。

「苦情绪」产生不幸感

那么，假设三大类情绪中有异常信息传到脑部，情况会怎样？达马西奥也捕捉到了所谓“苦情绪”。例如人际关系中产生的紧张、愤怒、不信任等情绪，会成为身体维持正常运作的障碍，而接收到异常情绪的大脑，为让生命的维持回归常态，便启动防御功能让肌肉紧绷，力求保持平衡，并让全身的调节机制全力运转起来。

这时的苦战就会带来“苦情绪”，使我们陷入低潮，进而失去自信，对未来的展望也是一片消极。总之，苦情绪让人充满不幸的情感。

欧洲型「幸福」制度带来的疲劳

话题回到幸福指数调查。问题点在于，为何我们生活富裕却还是感受不到幸福？

我们今天的世界，是依循从中世纪到近现代的欧洲人设想思考出的各种经济结构运转的。这里就称其为欧洲型幸福结构吧。

这种源于欧洲社会的幸福结构，是由科学革命、工业革命、信用创造的金融系统、驱动资金流的高度资本主义及相应的执行“部队”——股份公司组成的。该结构全力运转，规模持续扩大，造就了一个认为唯有达成经济富裕才能获得幸福的世界。

但如果要让所有人都富裕起来才算的话，那么他们所认为的世界实在是太小了。本书第 82、83 页的世界地图，正是在阐述这个论点。

这张用不同颜色标示幸福指数的地图告诉我们，如果只是沿用一贯的欧洲型幸福结构，人类显然谈不上真正获得幸福。在世界上，除了已经达到幸福标准的发达国家和地区外，也存在着饱受经济贫困或政治暴力的地方，其中一些甚至让人产生奴隶贸易可能会再度复活的错觉。也有的非欧洲国家和地区，虽然富裕，但幸福感很低，日本就是一大代表。

在此请回想本书第 85 页的“各国家和地区个人所得与幸福指数背离值一览表”。

这张表用数值表达了经济富裕程度与个人幸福感之间的背离程度，这个数值我们就称之为幸福背离值吧。从表中可读出的信息是，经济发达的非欧洲国家和地区，背离值是相当高的负值。日本是 -34，是紧接在韩国 -35 之后的第二高。

从脑与幸福结构解读的话，可以说这些国家和地区的人，多数正处在“苦情绪”而非“愉快情绪”之中。也可以说，高的背离值体现的是，在欧洲型经济合理性的社会体系中，每个活着的人都在从身体发出“苦情绪”这种看不见的求救信号。

人类感受到的真正『幸福』是什么？

因此，问题又再度回到人的大脑。这里回想一下达马西奥的情绪与情感结构。这个幸福结构的基础里就有人的身体。对人脑而言，身体能感受到舒适、畅快，就是幸福的源泉。

有生命的身体动用感官，将自身周遭的外部世界信息传至大脑。可以说我们每天生活中发生的事情，都会尽数传至大脑。生出这些事情、被人类称为“现代”的这个世界，正在面临转折，即“苦情绪”或将出现。

转折的关键似乎就在于人类自己的身体。能让人体的生命活动自然且舒适地顺畅运作，让大脑充满“愉快情绪”的社会，究竟是怎样的？这才是问题的核心所在。说不定，它已经在人类脑中描绘成形了呢。

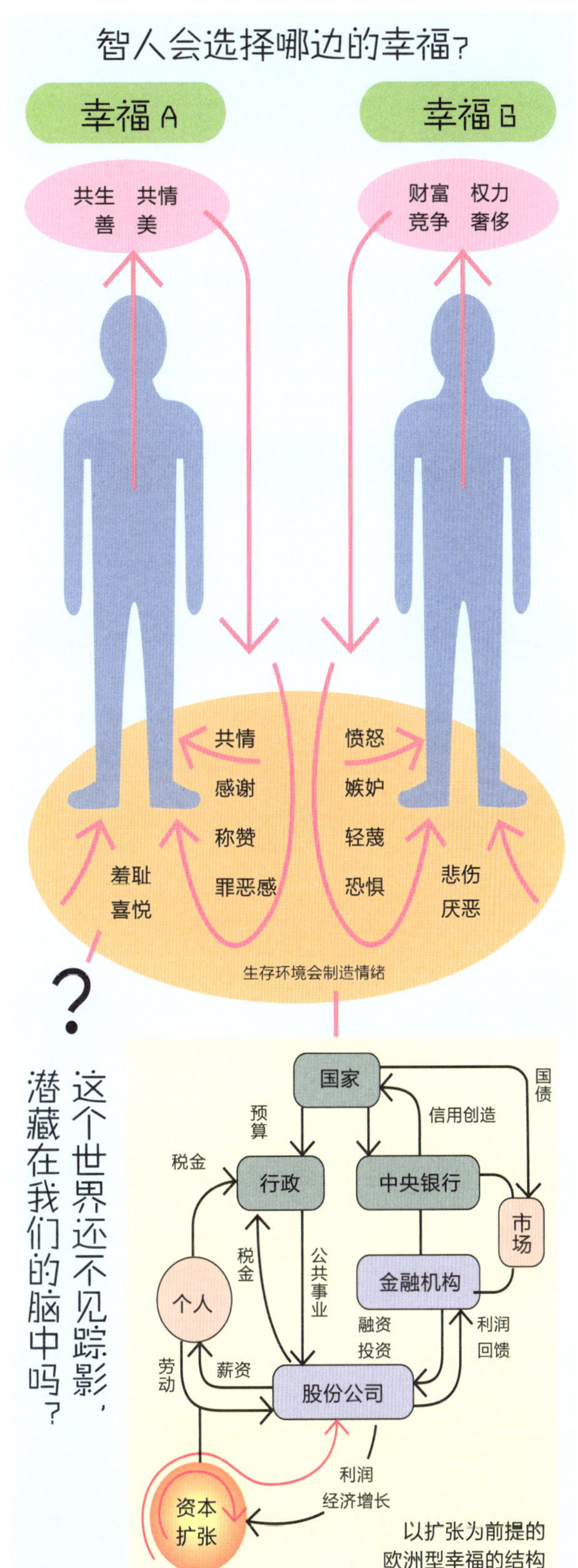

参考文献

本书受尤瓦尔・赫拉利的著作《人类简史》（*Sapiens: A brief history of human kind*，日文版由河出书房新社出版）提示而完成，在此谨致谢忱。以下为其他参考资料：

《暴力の人類史 上下》スティーブン・ピンカー著（青土社刊）
《感じる脳 情動と感情の脳科学 よみがえるスピノザ 》アントニオ・R・ダマシオ著（ダイヤモンド社刊）
《現実を生きるサル　空想を語るヒト》トーマス・ズデンドルフ著（白揚社刊）
《カイエ・ソバージュ 神の発明》中沢新一著（講談社刊）
《人類 万年 文明の興亡 上下》イアン・モリス著（筑摩書房刊）
《環大西洋奴隷貿易歴史地図》デイヴィッド・エルティス／デイヴィッド・リチャードソン著（東洋書林刊）
《ビジュアル版人類進化大全》クリス・ストリンガー／ピーター・アンドリュース著（悠書館刊）
《人類大移動》印東道子編（朝日新聞出版刊）
《帝国の興亡 上下》ドミニク・リーベン著（日本経済新聞出版社刊）
《銃・病原菌・鉄 上下》ジャレド・ダイアモンド著（草思社刊）
《文明崩壊 上下》ジャレド・ダイアモンド著（草思社刊）
《戦争の世界史 上下》ウィリアム・H・マクニール著（中央公論新社刊）
《マクニール 世界史講義》ウィリアム・H・マクニール著（筑摩書房刊）
《真の独立への道》M・K・ガーンディー著（岩波書店刊）
《興亡の世界史 第 巻 地中海世界とローマ帝国》本村凌二著（講談社刊）
《ヨーロッパの歴史 欧州共通教科書》フレデリック・ドルーシュ総合編集（東京書籍刊）
《ここまでわかった！ 縄文人の植物利用》工藤雄一郎／国立歴史民俗博物館編（新泉社刊）
《縄文生活図鑑》関根秀樹著（創和出版刊）
《イギリス東インド会社》浜渦哲雄著（中央公論新社刊）
《図説 オランダの歴史》佐藤弘幸著（河出書房新社刊）
《図説 ポルトガルの歴史》金七紀男著（河出書房新社刊）
《スペイン黄金時代》林屋永吉ほか著（日本放送出版協会刊）
《ヒトとイヌがネアンデルタール人を絶滅させた》パット・シップマン著（原書房刊）
《ヒューマン なぜヒトは人間になれたのか》ＮＨＫスペシャル取材班著（角川書店刊）
《歌うネアンデルタール 音楽と言語から見るヒトの進化》スティーヴン・ミズン著（早川書房刊）
《つながる脳》藤井直敬著（ＮＴＴ出版刊）
《人間らしさとはなにか？》マイケル・S・ガザニガ著（インターシフト刊）
《脳が「生きがい」を感じるとき》グレゴリー・バーンズ著（ＮＨＫ出版刊）
《世界の学者が語る「幸福」》レオ・ボルマンス編（西村書店刊）
《ＮＨＫスペシャル 失われた文明 インカ》恩田陸／ＮＨＫ「失われた文明」プロジェクト著（ＮＨＫ出版刊）
《ＮＨＫスペシャル 失われた文明 アンデス ミイラ》恩田陸／ＮＨＫ「失われた文明」プロジェクト著（ＮＨＫ出版刊）
《イスラームから見た「世界史」》タミム・アンサーリー著（紀伊國屋書店刊）
《地球 絶滅人類記 I》香原志勢監修・今泉忠明著（竹書房刊）
《イヴの七人の娘たち》ブライアン・サイクス著（ソニーマガジンズ刊）
《アナザー人類興亡史》金子隆一著（技術評論社刊）
《農耕起源の人類史》ピーター・ベルウッド著（京都大学学術出版会刊）
《狩猟採集から農耕社会へ》原俊彦著（勉誠出版刊）
《食の人類史》佐藤洋一郎著（中央公論新社刊）
《「食」の図書館 コメの歴史》レニー・マートン著（原書房刊）
《マネーの進化史》ニーアル・ファーガソン著（早川書房刊）
《図説 お金の歴史全書》ジョナサン・ウィリアムズ編（東洋書林刊）

《貨幣の「新」世界史》カビール・セガール著（早川書房刊）
《世界鉄道史 血と鉄と金の世界変革》クリスティアン・ウォルマー著（河出書房新社刊）
《宗教とエロス》ヴァルター・シューバルト著（法政大学出版局刊）
《超図解 一番わかりやすいキリスト教入門》月本昭男監修／インフォビジュアル研究所著（東洋経済新報社刊）
《イラスト図解 イスラム世界》私市正年監修／インフォビジュアル研究所著（日東書院刊）
《世界を不幸にしたグローバリズムの正体》ジョセフ・E・スティグリッツ著（徳間書店刊）
《概説 世界経済史 Ⅰ・Ⅱ》ロンド・キャメロン／ラリー・ニール著（東洋経済新報社刊）
《国民国家と暴力》アンソニー・ギデンズ著（而立書房刊）
《図説 大航海時代》増田義郎著（河出書房新社刊）
《大航海時代》森村宗冬著（新紀元社刊）
《資本の帝国》エレン・メイクシンズ・ウッド著（紀伊國屋書店刊）
《海からの世界史》宮崎正勝著（角川学芸出版刊）
《人はなぜ悪をなすのか》ブライアン・マスターズ著（草思社刊）
《生活の世界歴史　インドの顔》辛島昇／奈良康明著（河出書房新社刊）
《ヒトの心はどう進化したのか》鈴木光太郎著（筑摩書房刊）
《日本のお寺と仏像の本》大角修著（学研パブリッシング刊）
《宇宙・無からの誕生》ニュートンムック（ニュートンプレス刊）
《山川 世界史総合図録》（山川出版社刊）
《最古の文字なのか？ 氷河期の洞窟に残された の記号の謎を解く》ジェネビーブ・ボン・ペッツィンガー著 (文藝春秋刊)
《パンドラの種 農耕文明が開け放った災いの箱》スペンサー・ウェルズ著 (化学同人刊)
《地球と人類の 億年史》(洋泉社刊)
《世界四大文明ガイドブック ジュニア版》(ＮＨＫ、ＮＨＫプロモーション刊)
《世界史用語集》全国歴史教育研究協議会編 (山川出版社刊)

参考网址：
https://ja.wikipedia.org/wiki/ ギョベクリ・テペ
http://ngm.nationalgeographic.com/2011/06/gobekli-tepe
http://benedict.co.jp/smalltalk/talk-91/
http://spqr.sakura.ne.jp/wp/archives/827
https://ja.wikipedia.org/wiki/ イギリス帝国
https://www.reddit.com/r/MapPorn/comments/3a0l3f/countries_that_have_been_under_european_control/
http://www.rist.or.jp/atomica/data/fig_pict.php?Pict_No=14-09-01-02-04
https://ja.wikipedia.org/wiki/ マキシム機関銃
http://www.stortfordhistory.co.uk/guide13/cecil-rhodes-2/
https://en.wikipedia.org/wiki/Potos%C3%AD
https://en.wikipedia.org/wiki/Bibliography_of_18th19th_century_Royal_Naval_history
https://en.wikipedia.org/wiki/HMS_Dreadnought_（1906）
https://ja.wikipedia.org/wiki/ ハマダラカ
http://riv.co.nz/rnza/hist/arm/index.htm

图书在版编目（CIP）数据

你好啊，智人 / 日本 Infovisual 研究所著；周芷羽译. -- 太原：书海出版社，2023.8
ISBN 978-7-5571-0103-9

Ⅰ. ①你… Ⅱ. ①日… ②周… Ⅲ. ①社会发展史—图解 Ⅳ. ① K02-64

中国国家版本馆 CIP 数据核字 (2023) 第 014569 号

ZUKAI DE WAKARU HOMO SAPIENS NO HIMITSU
by Infovisual Kenkyujo

Original Japanese edition published by Ohta Publishing Company, Tokyo.

This Simplified Chinese language edition published by arrangement with Ohta Publishing Company in care of Tuttle-Mori Agency, Inc., Tokyo through Future View Technology Ltd., Taipei City.

版权合同登记号：图字 04-2023-002 号

地图审图号：GS（2021）4423 号

你好啊，智人

著　　者：日本 Infovisual 研究所
译　　者：周芷羽
责任编辑：李　鑫
复　　审：崔人杰
终　　审：贺　权
装帧设计：日本 Infovisual 研究所　马志方　EG

出 版 者：山西出版传媒集团 · 书海出版社
地　　址：太原市建设南路 21 号
邮　　编：030012
发行营销：0351–4922220　4955996　4956039　4922127（传真）
天猫官网：https://sxrmcbs.tmall.com　电话：0351–4922159
E-mail：sxskcb@163.com（发行部）
sxskcb@126.com（总编室）
网　　址：www.sxskcb.com

经 销 者：山西出版传媒集团 · 书海出版社
承 印 厂：北京华联印刷有限公司

开　　本：787mm × 1092mm　1/16
印　　张：6
字　　数：135 千字
版　　次：2023 年 8 月　第 1 版
印　　次：2023 年 8 月　第 1 次印刷
书　　号：ISBN 978-7-5571-0103-9
定　　价：59.00 元

如有印装质量问题请与本社联系调换